IN LOVE WITH GINGER

Collection Rolf Heyne

EVA-MARIA PANZER

IN LOVE WITH GINGER

INGWERFOOD MIT 130 REZEPTEN

FOTOGRAFIE VON
BODO A. SCHIEREN

COLLECTION ROLF HEYNE

INHALT

EINLEITUNG

WIE ALLES

BEGANN...

Als ich Jérôme kennen lernte, ging alles recht schnell. Erst verliebte ich mich in Jérôme und dann in den Ingwer. Kein Wunder, denn schon bei meiner ersten Einladung zu ihm nach Hause becircte er mich nicht nur mit seiner charmanten Art, sondern auch mit einem selbst gekochten Menü, dessen einzelne Gänge sich alle durch die Verwendung von Ingwer auszeichneten. Ich war hingerissen!

Auf zahlreichen Reisen zu exotischen Zielen, hauptsächlich im asiatischen Raum, war ich schon oft mit Ingwer in Kontakt gekommen und bin seit langem ein wahrer Freund dieser außergewöhnlichen Knolle. Doch die Verwendung des Gewürzes auf so raffinierte Art und Weise in europäischen Gerichten war mir völlig unbekannt. Zunächst glaubte ich, Jérôme wollte die dem Ingwer so oft nachgesagte aphrodisische Wirkung an mir ausprobieren, doch tatsächlich fand ich schnell heraus, dass er kaum eine Speise zubereitet, die sich nicht durch diesen würzigen Geschmack auszeichnet. Jérôme, im alltäglichen Leben eigentlich Innenarchitekt und Designer, ist ein wahrer Meister am Herd und es gelingt ihm immer wieder aufs Neue, seine kreative Ader nicht nur im Beruf, sondern auch in der Küche auszuleben. Versteht sich von selbst, dass mein Haushalt seit geraumer Zeit nicht nur durch die Anwesenheit Jérômes aufblüht, sondern auch stets frischer Ingwer griffbereit liegt. »In Love with Ginger« ist eine Sammlung von Ingwerrezepten à la Jérôme, die sich leicht nachkochen lassen und mit denen der Aha-Effekt der Gäste vorprogrammiert ist.

PURE LEIDEN

Für mich ist Ingwer nicht nur ein Genussmittel und Gewürz – für mich ist Ingwer pure Leidenschaft! Als Kind mochte ich den süßscharfen Geschmack nicht, wenn es zu Weihnachten allerlei Süßigkeiten mit dieser besonderen Gewürznote gab. Erst in späteren Jahren, vor allem auf Reisen durch Asien, entdeckte ich meine Vorliebe für dieses außergewöhnliche Gewächs. Ob unterwegs in Thailand, China, Japan, Malaysia, Indonesien, Vietnam oder auf den Philippinen, je mehr ich mich für die asiatische Küche begeisterte, desto unentbehrlicher wurde für mich dieser spezielle Geschmacksgeber. Ingwer in Suppen und Salaten, im Dessert oder Cocktail, im Kuchen oder zum Fisch – davon kann ich einfach nicht genug kriegen. **INZWISCHEN IST INGWER FÜR MICH TEIL EINER WELTANSCHAUUNG,** die anscheinend erst mit zunehmender Lebenserfahrung kommt. Dazu gehört mit Sicherheit auch das Interesse, Neues auszuprobieren, Unbekanntes zu erkunden und eine gewisse Experimentierfreude an den Tag zu legen. Leider gibt es in Europa bisher noch keine richtige Ingwerkultur, was ich natürlich sehr bedaure. Auch in meinem privaten Umfeld stelle ich immer wieder fest, dass der Vormarsch des Ingwers in unsere Küchen sich eher zaghaft gestaltet, obwohl das Gewürz in frischer Form heutzutage in jedem

SCHAFT

Supermarkt zum festen Sortiment gehört. Und dabei ist die leckere und zudem noch gesunde Powerwurzel so vielseitig! Ingwer sollte nicht nur in der asiatischen Küche seine Daseinsberechtigung haben, sondern auch in westlichen Gerichten. Er sollte in den alltäglichen Speiseplan integriert werden! So haben Jérôme und ich mit der Zeit immer mehr europäische und traditionelle Speisen mit Ingwer zubereitet, Rezepte abgewandelt, eigene kreiert und absichtlich in diesem Buch Rezepte aus dem Fernen Osten ganz beiseite gelassen.

Gerne lade ich Sie zu einer Entdeckungsreise ein, die vor allem die Bereitschaft voraussetzt, auch mal ungewöhnliche Kombinationen auszuprobieren.

VIELLEICHT GELINGT ES MIR MIT DIESER LIEBESERKLÄRUNG AN DEN INGWER,

Sie von meiner Leidenschaft so zu überzeugen, dass Sie ihr selbst frönen.

INGWER IST NICHT GLEICH INGWER

Frisch, getrocknet, kandiert, pulverisiert oder roh, aus Indien, Jamaika oder China, frühe oder späte Ernte – erst bei intensiverer Beschäftigung und nach zahlreichen Testläufen und Kochexperimenten lernte ich die Unterschiede dieser Wurzel kennen. Während der eine Ingwer mehr feinaromatisch-zitronig daherkommt und eher auf der Zungenspitze eine brennende Schärfe ausbreitet, hat der andere fast schon ein blumig-exotisches Aroma und wärmt mit seinen Scharfstoffen den gesamten Mund- und Rachenraum. Was wir als Gewürz verwenden, ist das Rhizom einer etwa ein Meter hohen Staude mit schilfartigen Blättern und lilienähnlichen Blüten.

Diesen – landläufig Ingwerknolle oder Ingwerwurzel genannten – Wurzelstock gibt es meistens frisch in Form von so genannten »Händen«, die gereinigt und gebleicht wurden und als weißer Ingwer bezeichnet werden. Wenn von schwarzem Ingwer die Rede ist, handelt es sich um getrockneten und/oder gemahlenen Ingwer, wobei er in Pulverform wesentlich milder

ist und schnell sein Aroma verliert. Ingwerpulver eignet sich gut für Gebäck und gehört zum Beispiel in viele Gewürzmischungen für Weihnachtsgebäck. Zarte, meist vorgekochte Wurzelstücke kann man in Zuckersirup einlegen oder – wie ich es in Japan kennen gelernt habe – in dünne Scheiben schneiden und in süßsaurem Essig einlegen. In dieser Form wird er oftmals zu Sushi gereicht.

Kandierter Ingwer hingegen ist eine echte Süßwarenspezialität, die durch eine speziell zubereitete Zuckerlösung quasi unbegrenzt haltbar gemacht wird. Kandierten Ingwer überziehe ich oftmals mit Kuvertüre oder arbeite ihn in Pralinen ein. Die pikante Schärfe und das zitronig-frische Aroma verbinden sich dabei aufs Vorteilhafteste mit der Süße. Genauso gerne verwende ich ihn als Backzutat, zum Dekorieren von Speisen und Eis, zum Einlegen in Spirituosen, als Begleiter zu Käse oder für Senf-Marinaden. Bei kandiertem Ingwer spielt die Lagerung eine entscheidende Rolle. Bewahren Sie ihn niemals im Kühlschrank auf, sondern lagern Sie ihn trocken bei optimalen Temperaturen zwischen 14 bis 18 Grad Celsius.

DER FRISCHEN INGWERKNOLLE GEBE ICH FAST IMMER DEN VORZUG.

denn sie schmeckt wesentlich würziger und fruchtiger als getrockneter oder gemahlener Ingwer. Ihr Nachteil: Die Wurzel hält sich nicht unbegrenzt lange frisch. Ich wickle sie daher in Folie ein und kann sie so maximal drei Wochen ungeschält im Kühlschrank aufbewahren. Oder Sie kaufen eben nur kleine Stücke, wenn Sie die Knolle nicht ständig beim Kochen einsetzen. Eine weitere Variante zum längeren Aufbewahren: Sie schälen die Wurzel und geben sie in ein luftdicht verschließbares Glas mit trockenem Sherry oder weißem Rum.

Und so verwenden Sie frischen Ingwer: Brechen oder schneiden Sie ein Stück von der Wurzel ab, schälen Sie die Knolle, würfeln sie und drücken sie durch die Knoblauchpresse. Oder Sie reiben das Ingwerstück auf der feinen Seite der Gemüsereibe. Will man beim Essen nicht auf Ingwerstücke beißen, kann man den Ingwer auch in grobe Scheiben schneiden und vor dem Servieren aus dem Gericht entfernen.

Auf jeden Fall lasse ich Ingwer immer eine Weile mitgaren, damit er sein volles Aroma entfalten kann. Dies spielt vor allem auch bei Fleischgerichten eine wichtige Rolle, da der Ingwer dank eines speziellen Ferments das Fleisch besonders zart macht.

Aber Achtung: Ingwer ist ein Gewürz, das mit viel Fingerspitzengefühl verwendet werden muss, da es nicht immer ein und dieselbe Würzkraft hat. Die Schärfe der Wurzel variiert je nach Dicke und Alter: Je älter, dicker und grobfaseriger Ingwer ist, desto schärfer ist er im Geschmack. Je feiner er aussieht, desto zarter ist auch sein Aroma. Deshalb achte ich beim Einkauf immer auf eine feste, pralle Haut ohne Runzeln.

APROPOS EINKAUF:

Frischen Ingwer finden Sie heutzutage zwar in jedem einigermaßen gut sortierten Supermarkt, viel spannender ist aber eine Erkundungstour in asiatischen Lebensmittelgeschäften oder beim Inder, da hier oftmals verschiedene Sorten aus unterschiedlichen Ländern angeboten werden und die Verkäufer einem hier gute Tipps geben können. So hat mich inzwischen in meinem Lieblings-Asiashop der Verkäufer Herr Thuy auf den Geschmack gebracht, dass bengalischer Ingwer aufgrund seiner ausgesprochen guten Qualität der absolute Renner unter den Ingwerwurzeln ist.

KONFUZIUS, KAISER

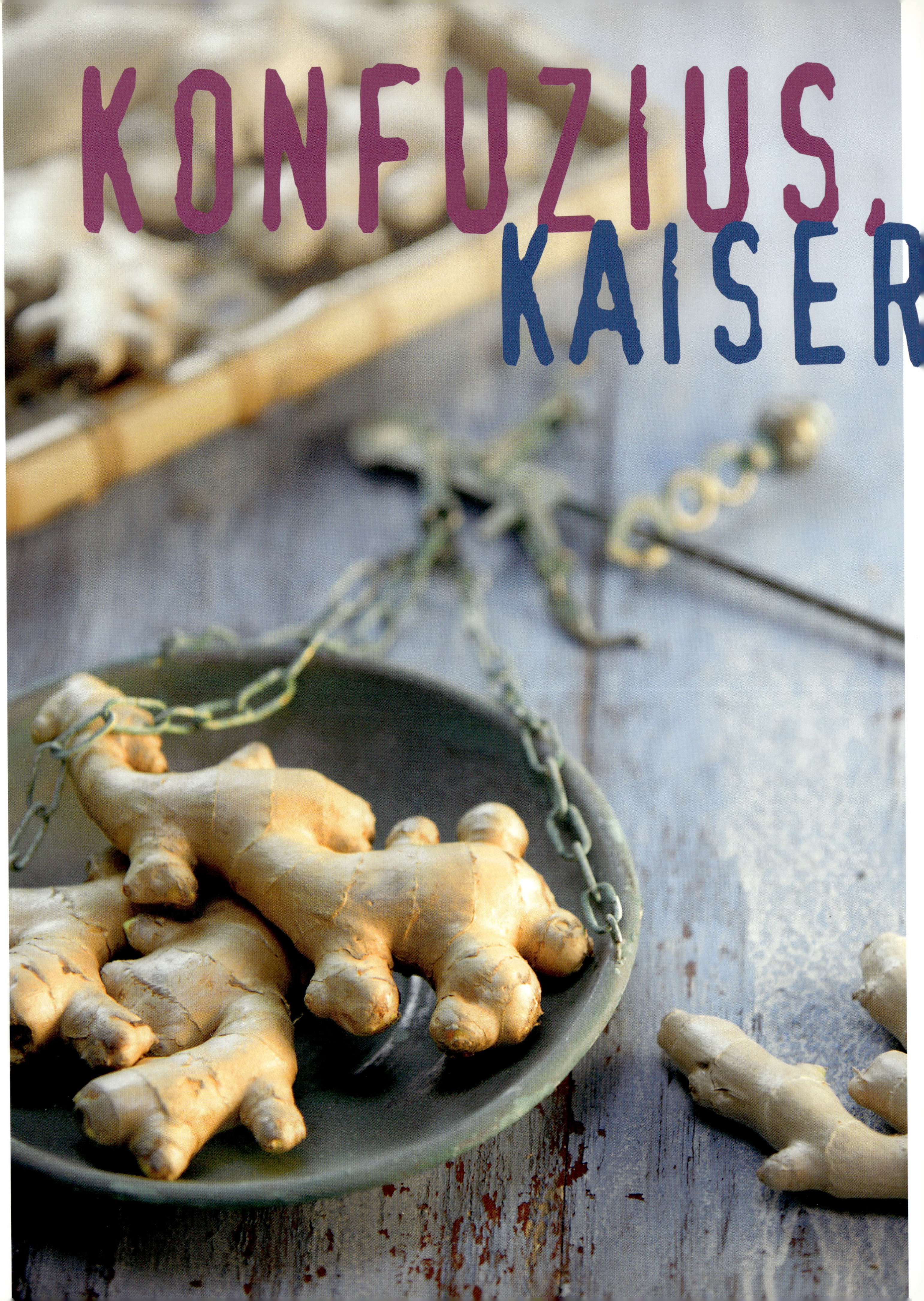

NERO UND ICH

Wenn auch nicht auf den ersten Blick, so spätestens auf den zweiten lässt sich zwischen diesen beiden historischen Personen und mir eine Gemeinsamkeit entdecken: Die Begeisterung für den Ingwer. Tatsächlich nahm Konfuzius nur Speisen zu sich, die mit Ingwer gewürzt waren, und Kaiser Nero hat neben dem Einsatz des Gewürzes beim Kochen auch seine Leibärzte beauftragt, den Ingwer immer und überall einzusetzen.

Während in Indien und China Ingwer seit ältesten Zeiten (seit über 3000 Jahren) als Medizin und Gewürz verwendet wird, lernten die Griechen und Römer das Gewürz wahrscheinlich erst im ersten Jahrhundert nach Christus durch die Perser kennen. Im neunten Jahrhundert wurde Ingwer in Europa bekannt und spielte im Mittelalter eine fast ebenso bedeutende Rolle wie der Pfeffer. Tatsächlich wurde im Mittelalter sogar vor allzu viel Genuss davon gewarnt. »Wein, Pfeffer, Zimt und Ingwer haben eine schädliche Wirkung und verderben das Blut junger Mädchen«, hieß es. Zu dieser Zeit wollte man vor allem die Pest und die Cholera durch die Einnahme von Ingwer bekämpfen. Da der Ingwer einen weiten Handelsweg nach Europa zurücklegen musste, war er vom Preis her fast unerschwinglich. So kostete ein Pfund Ingwer in England Ende des 12. Jahrhunderts so viel wie ein gutes Schaf. Später brachten englische Kolonialherren das Gewürz in großen Mengen aus Indien nach England, womit sich erklären lässt, dass die Briten schon längst an den Umgang mit Ingwer, zum Beispiel im Ginger Ale oder als Ingwermarmelade, gewöhnt sind. Bald nach der Entdeckung Amerikas wurde Ingwer durch die Spanier auf die Westindischen Inseln gebracht (Große und Kleine Antillen) – und er war nun weltweit als Genuss- und Heilmittel erhältlich.

DER GROSSE ERWÄRMER

Gibt es etwas Schöneres als eine ayurvedische Ölmassage mit einer Tasse Ingwertee zum krönenden Abschluss? Als begeisterte Anhängerin jeglicher Formen von Wellness-, Spa- oder Ayurvedabehandlungen komme ich in diesem Umfeld immer wieder in Kontakt mit der heilenden Wirkung des Ingwers. Schon seit der Antike spielt dieser Wurzelstock in der Traditionellen Chinesischen Medizin ebenso wie in der altindischen Medizin (speziell im Ayurveda) eine große Rolle.

Der medizinisch wirksame Bestandteil des Ingwerwurzelstocks ist sein zähflüssiger Balsam, der aus ätherischen Ölen und Scharfstoffen besteht, die zum Beispiel einem Brechreiz entgegenwirken. Als »großer Erwärmer von innen« kann Ingwer gegen zahlreiche gesundheitliche Beschwerden eingesetzt werden. Vor allem bei Magen-Darm-Problemen, Übelkeit, Reisekrankheit, Kopfschmerzen, Erkältungen, Muskel- und Gelenkschmerzen, Schwindelgefühl, Arthritis, Asthma und Rheuma kann der Einsatz von Ingwer zur Behandlung eine Menge beitragen. Ingwer wirkt schweißtreibend, appetitanregend, ist magenfreundlich, verdauungs- und durchblutungsfördernd und lindert Blähungen. Er regt die Leber- und Gallenfunktion an und unterstützt die Fettverdauung. Im Ayurveda heißt es, er entfache »Agni, das innere göttliche und schöpferische Feuer, stärke den Kreislauf und reinige den Darm«. Darüber hinaus steckt in der unscheinbaren Knolle ein richtiges Feuerwerk an Inhaltsstoffen, dazu zählen zahlreiche Vitamine und Mineralstoffe wie Kalium, Kalzium und Eisen.

HANS DAMPF IN ALLEN GASSEN

Bei Erkältungen trinke ich als Erstes einen wirksamen Trunk: Ich koche klein gehackten Ingwer mit Coca-Cola – und schon bin ich bald auf dem Weg der Besserung! Dieses höchst moderne Rezept stammt aus dem chinesischen Raum und basiert wahrscheinlich auf der uralten Erkenntnis der Chinesen, dass Koffein gepaart mit Zucker und Ingwer einer Erkältung eins auf den Hut gibt.

Alle Gesundheitstipps rund um den Ingwer in diesem Buch aufzuführen, ginge zu weit. Doch ein einfaches, aber hilfreiches Wundergetränk verrate ich Ihnen noch: Um sich im Alltag in den Genuss der gesundheitsfördernden Kräfte von Ingwer zu bringen, reicht es schon, täglich frische Ingwerstücke mit kochendem Wasser zu übergießen, fünf bis acht Minuten ziehen zu lassen und diesen Tee vor, während oder nach der Mahlzeit zu trinken.

Wer vorzeitigen Alterserscheinungen nicht mit dem Skalpell des Schönheitschirurgen zu Leibe rücken will, soll seine Aufmerksamkeit dem Verjüngungsmittel Ingwer zuwenden. Die Powerknolle ist tatsächlich ein starkes Antioxidans, das Sauerstoffradikale bindet und somit die Zerstörungsprozesse in den Zellen verhindern kann. Mit einigem Fug und Recht kann man Ingwer als eine Art Jungbrunnen oder »Frischhalte-Knolle« bezeichnen – im Rahmen der natürlichen Grenzen selbstverständlich.

Für meine Begriffe ist Ingwer ein wahrer Hansdampf in allen Gassen!

GEH, WOHIN

DER INGWER WÄCHST

Die Urheimat des Ingwers ist der südostasiatische Raum, doch heute wird er in fast allen Gebieten mit tropischem Klima angebaut, vor allem in Indien, China, Brasilien, Nigeria und Jamaika. Der Name Ingwer kommt aus dem Sanskrit, bedeutet soviel wie »Geweih« und bezieht sich auf die geweihartig verzweigten, fleischigen, bis zu zwanzig Zentimeter langen Wurzelstöcke (Rhizome) der Ingwerpflanze.

Leider sind die klimatischen Verhältnisse in unseren Breitengraden für den Anbau der Pflanze nicht geeignet. Wir sind daher auf den Import des Gewürzes angewiesen. Wenn Sie aber mal Lust haben, zur Dekoration in Ihrer Wohnung Ingwer selbst zu pflanzen, so kann ich Ihnen dies nur empfehlen. Und so funktioniert es: Kaufen Sie eine frische Ingwerwurzel und hängen Sie ein zwei Zentimeter großes Stück mithilfe von Zahnstochern horizontal in ein Glas. Füllen Sie so viel Wasser in das Glas, bis das untere Drittel des Ingwers mit Wasser bedeckt ist. Nun können Sie regelrecht dabei zusehen, wie der Ingwer Wurzeln schlägt. Wenn diese drei bis vier Zentimeter lang sind, setzen Sie das bewurzelte Stück in einen Blumentopf mit Erde, wobei knapp zwei Drittel über der Erdoberfläche liegen sollte. Daraus erwachsen nach und nach schlanke Stiele und schöne Blätter. Ich selbst erfreue mich immer wieder an dieser schilfähnlichen Pflanze, die manchmal sogar blüht.

Dragon's pearl

APROPOS INGWERBLÜTEN! SIE GELTEN ALS BLÜTEN DER SINNLICHKEIT,

denen seit Jahrhunderten eine verführerische Wirkung nachgesagt wird. In den Tropen habe ich erlebt, dass Ingwerblüten besonders nachts stark duften und deshalb auch dort »Parfüm der Königinnen« oder »Duft der Prinzessinnen« genannt werden. Aus diesem Grund kommt wohl Ingwer auch immer häufiger im Duft-Design zum Einsatz. So aromatische Kompositionen wie »Muskatnuss mit Ingwer« stammen nicht aus der Küche eines Sterne-Restaurants, sondern zum Beispiel aus der Duftbar von Jo Malone. In deren Flagship-Store in der Londoner Sloane Street kann man sich aus 18 verschiedenen Nuancen einen ganz individuellen Mix zusammenstellen lassen. Versteht sich von selbst, dass ich mit dem Badeöl »Nutmeg & Ginger« das Duftimperium verließ!

Für die Einwohner des pazifischen Inselstaats Samoa hat die Ingwerblüte eine ganz besondere Bedeutung. Hier heißt sie Teuila und gilt als das samoanische Nationalsymbol und wird beim alljährlichen Teuila-Fest in der kleinen Metropole Apia verehrt. Beim Teuila-Fest wird übrigens die »schönste Blume« zur Inselkönigin gekürt.

HILDEGARD VON BINGEN

(1098–1179) UND IHRE ERFAHRUNGEN MIT DER PFLANZE INGWER:

»Der Ingwer ist sehr warm und ausgedehnt, das heißt zerfließlich, und sein Genuß schadet einem gesunden und fetten Menschen, weil er ihn unkonzentriert und dumm und faul und ausgelassen macht.
Und wer geschwürige, das heißt schwärige, und trübe Augen hat, der pulverisiere Ingwer und binde dieses Pulver in ein Tuch und lege es in Wein, damit der Wein davon dunkel, das heißt »zanger« wird, und nachts, wenn er schlafen geht, streiche er um die Augenlider und Augen von diesem Wein. Aber auch wer unter Verstopfung im Magen und im Bauch leidet, der pulverisiere Ingwer und mische dieses Pulver mit ein wenig Saft von Ochsenzunge. Und aus diesem Pulver und Bohnenmehl mache er Törtchen, und er backe sie in einem Ofen, dessen Feuerhitze etwas nachgelassen hat. Und so esse er diese Törtchen oft nach dem Essen und nüchtern, und es mindert den Unrat des Magens und stärkt den Menschen. Ebenso pulverisiere ein Mensch, der im Magen irgendwelchen Schmerz leidet, Ingwer und zweimal so viel Galgant und halb so viel Zitwer. Und nach dem Essen schütte er dieses Pulver in Wein, und so trinke er es, auch abends, wenn er schlafen geht. Und so mache er es oft und im Magen wird es ihm besser gehen.

Ein Mensch aber, den eine Kolik plagt, nehme ein wenig Ingwer und viel Zimt und pulverisiere das. Dann nehme er weniger Salbei als Ingwer und mehr Fenchel als Salbei und mehr Rainfarn als Salbei. Und dies zerstoße er in einem Mörser zu Saft und seihe es durch ein Tuch. Dann koche er Honig mäßig in Wein und füge dem ein wenig weißen Pfeffer bei oder, wenn er den nicht hat, ein wenig Pfefferkraut. Und das vorgenannte Pulver und den vorgenannten Saft schütte er hinein. Dann nehme er Wasserlinsen und zweimal so viel Tormentill und Senf, der auf dem Felde wächst, so viel wie Tormentill, aber weniger als Wasserlinsen, und dies zerstoße er in einem Mörser zu Saft und bringe es in ein Säckchen und gieße den vorgenannten gesüßten und gepulverten Wein darüber, und daraus mache er einen klaren Trank. Wer aber unter dem vorgenannten Schmerz leidet, trinke von diesem Trank nüchtern, so viel er mit einem Schluck trinken kann, und gleicherweise abends, wenn er sich ins Bett legt. Und dies tue er, bis er geheilt ist.

VORSPEISEN

SCHAUMIGES MÖHREN-SÜPPCHEN

MIT CURRY UND INGWER

500 g Möhren
1 l Gemüsebrühe
50 g frischer Ingwer
2 Zwiebeln
4 EL Olivenöl
1 TL Currypulver
Pfeffer aus der Mühle
Salz
Sahne zum Abschmecken
frische Kräuter

Suppen sind kleine Kunstwerke, die schon seit Jahrzehnten ihr schlechtes Image als Arme-Leute-Essen hinter sich gelassen haben. Bei meiner Lieblingssuppe erhalten die süßlichen Möhren durch den Curry und den Ingwer den gewissen aromatischen Kick. Das Möhrensüppchen begeistert als Vorspeise, aber auch in größerer Menge als vollwertige Mahlzeit.

Die Möhren schälen, grob zerkleinern und in der Gemüsebrühe weich kochen. Ingwer und Zwiebeln schälen und in kleine Würfel schneiden. Das Olivenöl in einem großen Topf erhitzen und darin die Ingwer- und Zwiebelwürfel unter Rühren anbraten, bis die Zwiebeln glasig sind.
Die Möhren samt Gemüsebrühe zugeben und das Ganze mit dem Stabmixer pürieren und schaumig aufschlagen. Mit Curry, Pfeffer und Salz würzen und mit etwas Sahne abschmecken. Die Suppe kurz aufkochen lassen.
Zum Servieren die Suppe in vorgewärmte Teller geben und mit Kräuterblättchen garnieren.

SCHELLFISCH SAUERKRAUT-SUPPE MIT ROSA INGWER

1 kleine rote Paprikaschote
3 Schalotten
40 g Butter
1/4 rote Chilischote
1/4 Lorbeerblatt
1 TL Paprikapulver, edelsüß
150 g Sauerkraut
700 ml Geflügelbrühe
10 g frischer rosa Ingwer
Salz
schwarzer Pfeffer aus der Mühle
120 g Schellfischfilet
Saft von 1 Zitronensaft
2 TL fein geschnittener frischer Koriander

Die Paprikaschote und die Chilischote waschen, entkernen und grob würfeln.
Die Schalotten schälen und in Ringe schneiden.
Die Butter in einem Topf zerlassen und darin Paprika, Schalotten, Chilischote sowie Lorbeerblatt anschwitzen. Das Paprikapulver hinzufügen und ebenfalls leicht anschwitzen. Das Sauerkraut und die Geflügelbrühe hinzufügen. Das Ganze zum Kochen bringen, dann die Hitze verringern und die Suppe 10 Minuten zugedeckt köcheln lassen. Ingwer und Suppe in den Mixer geben und fein pürieren. Mit Salz und Pfeffer abschmecken.
Die Suppe warm halten.
Das Schellfischfilet waschen, trockentupfen und würfeln. Die Fischwürfel mit Salz und Pfeffer würzen, mit Zitronensaft beträufeln und in einem kleinen Teil der Suppe garen.
Zum Servieren die Suppe auf vorgewärmte Teller geben und die Fischwürfel als Einlage hinzufügen. Mit Koriander garnieren.

KARTOFFEL-INGWER-SUPPE MIT MARONI

1 Zwiebel
1 EL Butter
1 l Gemüsebrühe
2 EL frischer geraspelter Ingwer
400 g Maroni (tiefgekühlt)
400 g mehlig kochende Kartoffeln
Meersalz
schwarzer Pfeffer aus der Mühle
200 ml Sahne (25% Fett)

Die Zwiebel schälen, fein würfeln und in heißer Butter glasig andünsten. Mit der Gemüsebrühe ablöschen und aufkochen lassen. Ingwer und Maroni zugeben und das Ganze etwa 10 Minuten köcheln lassen. 10 schöne Maroni als spätere Suppeneinlage herausnehmen und warm halten.
Die Kartoffeln schälen, in Scheiben schneiden, in die köchelnde Gemüsebouillon geben und etwa 10 Minuten weich garen. Die Suppe mit dem Stabmixer fein pürieren. Mit Salz und Pfeffer abschmecken. Die Suppe durch ein feines Sieb passieren und die Hälfte der Sahne unterziehen. Die restliche Sahne cremig-steif schlagen.
Die Suppe mit den Maroni als Einlage in vorgewärmte Suppentassen geben und mit der geschlagenen Sahne garnieren.

Grüne Ingwer-Spargel-Creme-Suppe

mit Orangenfilets

500 g weißer Spargel
500 g grüner Spargel
1 Zwiebel
1 EL Olivenöl
3 TL gewürfelter frischer Ingwer
3/4 l Gemüsebrühe
1 Orange
1 EL gehobelte Mandeln
2 Stängel Dill
200 ml Sahne
Salz, schwarzer Pfeffer aus der Mühle

Den weißen Spargel schälen und die holzigen Enden entfernen. Den grünen Spargel waschen und ebenfalls holzige Enden abschneiden. Beide Spargelsorten in kurze Stücke schneiden. Zwiebel schälen und in feine Würfel schneiden. Das Öl in einem Topf erhitzen und darin die Zwiebel- und Ingwerwürfelchen sowie den weißen Spargel farblos anbraten. Die Gemüsebrühe zugießen und kurz aufkochen lassen. Die Hitze verringern und das Ganze etwa 10 Minuten zugedeckt köcheln lassen. Den grünen Spargel zugeben und weitere 10 Minuten garen.
Die Orange schälen und die Orangenfilets aus der weißen Haut lösen. Die Mandeln in einer beschichteten Pfanne goldbraun rösten. Den Dill fein zerkleinern.
Einige weiße Spargelspitzen zum Garnieren aus der Suppe nehmen. Die Suppe mit dem Stabmixer pürieren. Die Sahne hinzufügen. Mit Salz und Pfeffer abschmecken.
Zum Servieren die Suppe auf vorgewärmte Teller geben und mit Spargelspitzen, Orangenfilets, Dill und Mandeln garnieren.

KERBEL-SÜPPCHEN

MIT INGWER-ORANGEN-SCHAUMHAUBE

700 g Knollenkerbel (Kerbelrüben)
700 ml Gemüsebrühe
1 l Milch
Salz, schwarzer Pfeffer aus der Mühle
50 g Butter
abgeriebene Schale von 1 unbehandelten Orange
3 TL fein geraspelter frischer Ingwer
Orangenzesten (Menge nach Belieben)

So kreativ wie meine Freundin Sonja in ihrem Beruf als Bildhauerin Skulpturen aus Schiefer verwirklicht, so facettenreich ist sie auch am Kochtopf: In ihrem Lieblingsrezept erweckt sie den manchen Hobbyköchinnen und -köchen in Vergessenheit geratenen Kerbel zu neuem kulinarischen Leben. Verfeinert mit der Ingwer-Orangen-Haube ist dieses Süppchen das passende Entree zu jedem Gourmet-Dinner.

Den Knollenkerbel unter fließendem Wasser kräftig abbürsten und etwa 30 Minuten in der Gemüsebrühe garen. Abgießen, dabei das Kochwasser auffangen; den Kerbel etwas abkühlen lassen.
Für die Suppe den Kerbel schälen, grob zerkleinern und mit einem 1/4 l Milch sowie etwas von dem Kochwasser pürieren. Mit Salz und Pfeffer würzen, anschließend die Butter in Stückchen unterrühren und die Suppe nochmals pürieren.
Für die Schaumhaube die restliche Milch erhitzen und darin die abgeriebene Orangenschale sowie den Ingwer 15 Minuten ziehen lassen. Die Milch in eine Schüssel abseihen und mit einem Milchschäumer (wie beim Cappuccino) aufschäumen.
Zum Servieren die Suppe in vorgewärmte Tassen gießen und vorsichtig eine Schaumhaube obenauf setzen. Mit Orangenzesten garnieren.

Wild-Kraftbrühe mit Ingwer und Waldpilzklösschen

2 kg Hirsch- und Rehknochen
300 g Suppengrün
2 Zwiebeln
80 g frischer Ingwer
20 Wacholderbeeren
6 Lorbeerblätter
1 EL schwarze Pfefferkörner
1 TL Jodsalz
200 ml Rotwein
100 ml trockener Sherry

1 EL Butter
150 g Steinpilze
20 g klein gewürfelte Schalotten
Salz, schwarzer Pfeffer
4 Scheiben Weißbrot ohne Rinde
1 Eiweiß, 50 ml Sahne
1 EL fein zerkleinerte Kerbelblättchen
1 EL fein zerkleinerte frische Petersilie
1 EL Schnittlauchröllchen

Die Hirsch- und Rehknochen heiß waschen und in einem großen Topf mit kaltem Wasser bedeckt zum Kochen bringen. Aufsteigenden Schaum mit dem Schaumlöffel abschöpfen. Das Suppengrün waschen und grob zerkleinern. Die Zwiebeln schälen und grob würfeln. Den Ingwer schälen und in Scheiben schneiden. Alles zu den Knochen in die Brühe geben. Wacholderbeeren, Lorbeerblätter, Pfefferkörner und Jodsalz hinzufügen und das Ganze etwa 4 Stunden zugedeckt köcheln lassen. Die Wildkraftbrühe abseihen und das Fett abschöpfen. Die Brühe durch ein Passiertuch in einen sauberen Topf gießen. Rotwein sowie Sherry hinzufügen und die Brühe kräftig reduzieren. Mit Salz abschmecken.
Für die Klößchen die Butter in einer Pfanne zerlassen und darin die Steinpilze und Schalotten anschwitzen. Mit Salz und Pfeffer würzen. Kalt werden lassen. Die Pilz-Schalotten-Mischung mit dem Weißbrot, Eiweiß und der Sahne im Mixer pürieren. Kerbel und Petersilie unterheben. Mit einem Teelöffel Klößchen abstechen und diese in etwa 90 °C heißem, leicht gesalzenem Wasser gar ziehen lassen.
Zum Servieren die Wildkraftbrühe in vorgewärmte Teller geben, die Klößchen hinzufügen und mit Schnittlauchröllchen bestreuen.

CHAMPIGNON-

BROT-SUPPE

5 Scheiben kräftiges Schwarzbrot mit Rinde (2–3 Tage alt)
1/2 l Hühnerbrühe
3 Schalotten
2 Knoblauchzehen
1 EL durchgepresster frischer Ingwer
250 g frische Champignons
1 EL Butter
Olivenöl
Salz
Pfeffer aus der Mühle
50 ml saure Sahne
frisch geriebene Muskatnuss
Kümmel

MIT INGWER

Wenn in meinem Kühlschrank mal wieder gähnende Leere herrscht und in meinen Schränken nur noch ein nicht mehr ganz so frisches Schwarzbrot vor sich hindümpelt, dann ist der richtige Moment für eine herzhafte Brotsuppe gekommen. Ideal verfeinern lässt sie sich mit Ingwer, Champignons und Schalotten.

4 Brotscheiben zerkleinern und in der Hühnerbrühe einweichen. Die letzte Scheibe entrinden und beiseite legen (die Rinde ebenfalls in die Hühnerbrühe geben).
Die Schalotten schälen und fein würfeln. Knoblauch und Ingwer schälen. Die Champignons putzen, 2 Pilze beiseite legen, die restlichen vierteln.
Die Butter in einem Topf erhitzen und darin die Schalotten anschwitzen. Den Knoblauch mit der Knoblauchpresse hineinpressen. Den Ingwer und die geviertelten Champignons hinzufügen und 1 Minute anbraten. Das Brot mit der Hühnerbrühe zugeben und das Ganze ein paar Minuten köcheln lassen.
In der Zwischenzeit die entrindete Schwarzbrotscheibe würfeln und in ein wenig Olivenöl anrösten.
Den Suppentopf vom Herd nehmen. Die saure Sahne in die Suppe rühren und diese mit dem Stabmixer pürieren. Mit den Gewürzen abschmecken.
Zum Servieren einige Tropfen Olivenöl in vorgewärmte Teller geben und die Suppe einfüllen. Die beiden restlichen Champignons in feine Scheiben hobeln und mit den Brotwürfeln über die Suppe streuen.

LEICHTE GEMÜSESUPPE

MIT INGWER UND ORANGEN

- 50 g Schalotten
- 1 Knoblauchzehe
- 2 Möhren
- 1 Stange Porree
- 1 Zucchino
- 1/2 Fenchelknolle
- 3 EL Butter
- 1 EL gehackter frischer Ingwer
- Saft von 2 Orangen
- 1/2 l Hühnerbrühe
- Salz
- Curry, Kurkuma
- Sesamöl
- 4 EL Sahne
- 8 Scheiben Parmaschinken
- frische Kerbelblättchen

Rezepte für Gemüsesuppen gibt es wie Sand am Meer – und ich bin mir sicher, Sie haben Ihren Favoriten, den Sie immer und immer wieder kochen. Lassen Sie sich aber dennoch hier auf das kleine Experiment ein, die frischen Gemüsesorten mit scharfem Ingwer und fruchtiger Orange zu verfeinern. Überzeugt?

Schalotten und Knoblauch schälen und fein zerkleinern. Möhren, Porree, Zucchino und Fenchel putzen und in Würfel schneiden. Die Butter in einem Topf erhitzen und darin das gesamte Gemüse mit dem Ingwer andünsten. Mit dem Orangensaft ablöschen und das Ganze etwas einkochen lassen. Die Hühnerbrühe zugeben und alles 15 Minuten zugedeckt köcheln lassen.
Die Suppe im Mixer oder mit dem Pürierstab pürieren, dann durch ein Sieb passieren. Mit Salz, Curry, Kurkuma und Sesamöl abschmecken. Die Sahne cremig schlagen und vorsichtig unterheben.
Zum Servieren den Parmaschinken in Streifen schneiden und mit den Kerbelblättchen als Einlage in die Gemüsesuppe geben.

Ingwer-Wein-Suppe mit gehacktem Estragon

2 Schalotten
1 Bund frischer Estragon
1 EL Maiskeimöl
1 TL geriebener frischer Ingwer
frisch geriebene Muskatnuss
1/4 l sehr trockener Weißwein
1/2 l Fleischbrühe
3 Scheiben Toastbrot
1 EL Butter
Salz, 1 Prise Zucker
4 Eigelbe

Süß und aromatisch, an Fenchel, Anis oder Süßholz erinnernd, verleiht der Estragon kombiniert mit Ingwer dieser Weinsuppe ein starkes und komplexes Aroma. Da der Estragon in getrockneter Form nicht mehr seine ergiebige Würzkraft erzielt, verwende ich dieses Kraut stets frisch.

Schalotten schälen und fein reiben. Die Estragonblättchen abzupfen und die Hälfte davon fein hacken; die ganzen Blättchen beiseite legen.
Das Maiskeimöl in einem Topf bei niedriger Temperatur erhitzen und darin die Schalotten mit dem Ingwer unter Rühren andünsten. Die gehackten Estragonblätter zugeben und das Ganze mit Muskatnuss würzen. Weißwein und Fleischbrühe zugießen. Die Herdplatte ausstellen und die Suppe 10 bis 15 Minuten ziehen lassen.
Inzwischen die Toastbrotscheiben entrinden und in Würfel schneiden. In einer Pfanne die Butter erhitzen und darin die Brotwürfel anrösten; beiseite stellen.
Die Weinsuppe durch ein feines Sieb in einen anderen Topf gießen und zum Kochen bringen. Mit Salz und Zucker würzen und die Kochplatte auf eine niedrige Temperatur einstellen, sodass die Suppe nur noch ganz sanft siedet. Die Eigelbe in einer Schüssel mit dem Schneebesen verquirlen, 4 Esslöffel Suppe untermischen und das Ganze in die Weinsuppe rühren. Dann die Suppe so lange aufschlagen, bis sie leicht bindet.
Zum Servieren die Weinsuppe in vorgewärmte Teller geben und mit den Toastbrotwürfeln und den Estragonblättchen garnieren.

EINGELEGTER INGWER

4 Ingwerrhizome
1/2 l Reisessig
350 g Zucker
1 TL Salz

Den Ingwer schälen, in dünne Scheiben schneiden und etwa 1 Minute in kochendem Wasser blanchieren. Abgießen, mit kaltem Wasser abschrecken und trockentupfen.
Für die Marinade Reisessig, Zucker, Salz und 1 l sprudelnd kochendes Wasser in einer Schüssel mischen. Die Ingwerscheiben hinzufügen und vor der ersten Verwendung mindestens 12 Stunden ziehen lassen.
Zum Aufbewahren den eingelegten Ingwer samt Marinade in luftdicht verschließbare Gläser abfüllen und in den Kühlschrank stellen (hält sich mehrere Wochen). Den benötigten Ingwer erst kurz vor dem Servieren mit einer sauberen Gabel herausnehmen.

TIPP: Eingelegter Ingwer passt gut zu Suppen, Salaten und Sushi.

FRUCHTIGER CHICORÉE-SALAT

MIT KANDIERTEM INGWER

2 Grapefruits (rosa)
2 Chicorée
2 Fenchelknollen
4 Birnen
2 TL Butter
2 TL Rohrzucker (brauner Zucker)
4 EL Kürbiskerngranulat
10 kandierte Ingwerstücke (Rezept siehe Seite 147)
2 EL Cashewkerne
2 EL Himbeeressig
Salz
1 Prise Zucker
4 EL Himbeeren
3 EL Rapsöl

Auch wenn ich in erster Linie die meisten Gerichte mit frischem Ingwer zubereite, gibt es doch einige kulinarische Highlights, bei denen kandierter Ingwer voll einschlägt. Gerade bei frischem Salat ist die Powerwirkung nicht zu unterschätzen.

Die Grapefruits schälen, halbieren und in dünne Scheiben schneiden. Chicorée und Fenchel putzen und in feine Ringe schneiden. Das Ganze auf flachen Tellern dekorativ anrichten.
Die Birnen entkernen und in Spalten schneiden. Die Butter in einer Pfanne zerlassen und darin die Birnenspalten anschwitzen. Rohrzucker, Kürbiskerngranulat, Ingwerstücke und Cashewkerne hinzufügen und leicht anbraten. Die Mischung auf dem angerichteten Salat verteilen.
Für das Dressing Himbeeressig, Salz, Zucker und Himbeeren mit dem Rapsöl in einer Schüssel verrühren. Den Salat gleichmäßig mit dem Dressing beträufeln.

GEGRILLTE PFIRSICHE

MIT WALNUSS-INGWER-CHUTNEY

GEGRILLTE PFIRSICHE:

500 g Zucker
1/2 Vanilleschote (der Länge nach geteilt)
1 Zimtstange
2 Gewürznelken
1 Pimentkorn (Allspice)
4 reife Pfirsiche
4 dünne Scheiben Walnussbrot
50 g weiche Butter

WALNUSS-INGWER-CHUTNEY:

1 EL Butter
100 g gewürfelte Zwiebeln
1 EL gehackter frischer Ingwer
50 g Rosinen
1/2 Tomate, geschält, entkernt und klein gewürfelt
1 großer Pfirsich, geschält, entkernt und gewürfelt
100 ml trockener Rotwein
50 ml Aceto Balsamico
1/2 TL Salz
50 g gehackte geröstete Walnüsse

Für die gegrillten Pfirsiche den Zucker mit 1/2 l Wasser in einer beschichteten Pfanne bei mittlerer Hitze zum Kochen bringen. Vanilleschote, Zimtstange, Gewürznelken und Pimentkorn hinzufügen und das Ganze 15 Minuten köcheln lassen. Die Pfirsiche schälen, entkernen, halbieren und in den Sirup geben. Weitere 10 bis 12 Minuten köcheln lassen, bis die Früchte weich sind (die Garzeit hängt von der Reife der Früchte ab). Vom Herd nehmen. Die Pfirsiche im Sirup erkalten lassen.
Den Holzkohlengrill anheizen. Inzwischen die Walnussbrotscheiben auf beiden Seiten dünn mit Butter bestreichen. Wenn die Holzkohle etwas heruntergebrannt ist, die Pfirsiche gut abtropfen lassen, dann mit der Schnittfläche nach unten 1 bis 1 1/2 Minuten grillen, vorsichtig umdrehen und die gewölbte Seite etwas mehr als 1 Minute grillen. Die Brotscheiben am Rande des Grillgitters maximal 1 Minute beidseitig toasten.
Für das Walnuss-Ingwer-Chutney die Butter in einer Pfanne bei mittlerer Hitze zerlassen. Zwiebeln und Ingwer zugeben und 2 bis 3 Minuten anbraten. Den Pfirsichsirup (ohne die Gewürze) sowie alle restlichen Chutney-Zutaten – außer den Walnüssen – hinzufügen und das Ganze zum Kochen bringen. Die Hitze verringern und das Chutney 20 Minuten köcheln lassen, bis es eindickt. Hin und wieder umrühren, damit nichts anbrennt.
Die Walnüsse unterrühren und das Ganze weitere 5 Minuten köcheln lassen.
Zum Servieren die Pfirsichhälften mit dem Chutney füllen und auf das Brot setzen.

TIPP: Das Chutney kann ohne die Walnüsse bereits 3 Tage im Voraus zubereitet werden.

WILDREIS-

SALAT AUF RUCOLA

MIT INGWER-VINAIGRETTE

100 g Wildreis
1 Lorbeerblatt
1 gelbe Paprika
1/2 Zwiebel
1/2 unbehandelte Zitrone
1 Bund Rucola
Zitronenscheiben zum Garnieren

VINAIGRETTE:
2 TL Zitronensaft
1 EL Aceto Balsamico
5 EL Olivenöl
3 TL geriebener frischer Ingwer
Meersalz
Schwarzer Pfeffer

Den Wildreis in einem Sieb gründlich mit warmem Wasser waschen. Reis und Lorbeerblatt mit 300 ml Wasser in einem Topf bei mittlerer Hitze zum Kochen bringen. Den Reis bei niedriger Temperatur etwa 25 Minuten zugedeckt köcheln lassen, dann weitere 10 Minuten ohne Hitzezufuhr quellen lassen. Das verbliebene Wasser abgießen und das Lorbeerblatt entfernen.
Für die Vinaigrette Zitronensaft, Aceto Balsamico und Olivenöl mischen und den Ingwer unterrühren. Mit Salz und Pfeffer abschmecken.
Die Paprika schälen, entkernen und in kleine Würfel schneiden. Die Zwiebelhälfte ebenfalls fein würfeln. Reis, Paprika- und Zwiebelwürfel mit der Hälfte der Vinaigrette mischen und 10 Minuten ziehen lassen. Die Zitronenhälfte in hauchdünne Scheiben schneiden und unter den Reissalat heben.
Zum Servieren den Rucola auf Teller verteilen, mit der restlichen Vinaigrette beträufeln und den Wildreissalat darauf anrichten oder den Rucola dekorativ um den Wildreis herum arrangieren. Mit halbierten oder ganzen Zitronenscheiben garnieren.

ORANGEN-THUNFISCH INGWERSALAT

AUF FRISCHEM SPINAT

1 Dose Thunfisch (in eigenem Saft)
1 Orange
3 TL Mayonnaise
2 EL halbierte Cashewkerne
1 TL fein gehackter frischer Ingwer
1 TL Zitronensaft
1 Prise Salz
1 Prise schwarzer Pfeffer aus der Mühle
6 Blätter frischer Spinat

Den Thunfisch in ein Sieb geben und abtropfen lassen. Die Orange schälen und in mundgerechte Stücke schneiden. Den Thunfisch und die Orangenstücke mit den restlichen Zutaten – außer dem Spinat – gründlich mischen.
Zum Servieren den Salat auf den Spinatblättern anrichten.

ROTE LINSEN-KONFITÜRE

MIT INGWER UND VANILLE

Salz
200 g Rote Linsen
3 TL gehackter frischer Ingwer
150 g Gelierzucker
1 Vanilleschote (der Länge nach halbiert)

Sie sind bei einem Gourmet oder einem passionierten Koch zum Dinner eingeladen und haben kein passendes Geschenk? Dann rate ich Ihnen, diese Spezialität in schöne Gläser einzufüllen und mitsamt dem dazugehörigen Rezept zu überreichen. Allein schon der interessant klingende Name macht neugierig.

Die Linsen in leicht gesalzenem Wasser etwa 15 Minuten garen. Abgießen, dabei den Kochsud auffangen. Die Linsen abtropfen lassen, dann mit dem Stabmixer pürieren. Das Linsenpüree mit dem Ingwer, dem Gelierzucker, der Vanilleschote und 100 ml Linsen-Kochsud 10 Minuten kochen, dabei ab und zu vorsichtig umrühren. Die Konfitüre in luftdicht verschließbare Marmeladengläser geben und im Kühlschrank aufbewahren.

TIPP: Diese Konfitüre kann man ähnlich wie ein Chutney zu Fleisch reichen, z. B. zu einem feinen Filetsteak oder als Antipasti auf getoasteten Weißbrotscheiben.

INGWER-GARNELEN IM BLÄTTERTEIG-SESAMMANTEL MIT FENCHEL-DILL-DIP

12 frische Garnelenschwänze
12 Scheiben eingelegter Ingwer (Rezept Seite 44)
1 Lage Blätterteig (TK oder aus dem Kühlregal)
1 Eigelb
2 EL Sesamkörner

FENCHEL-DILL-DIP:
100 ml lauwarmes Pflanzenöl
2 zimmerwarme Eigelbe
1/2 EL Knoblauchessig
1/2 EL Senf
1 EL fein zerkleinerter frischer Fenchel
1 EL fein zerkleinerter Dill
Salz, schwarzer Pfeffer aus der Mühle

Jeweils das Schwanzende der Garnelen einschneiden und 1 Scheibe Ingwer hineinstecken. Den Blätterteig dünn ausrollen und in 12 Dreiecke schneiden. Jede Garnele so in den Blätterteig wickeln, dass die Spitzen der Garnele noch aus dem Teig herausschauen. Das Ganze rundum mit Eigelb bestreichen und mit Sesamkörnern bestreuen.
Die Garnelen im Backofen bei 190 °C 10 bis 15 Minuten backen.
Für den Dip das Öl langsam mit den Eigelben zu einer steifen Mayonnaise verrühren. Am besten nehmen Sie dazu einen Schneebesen. Essig, Senf, Fenchel und Dill unterrühren. Mit Salz und Pfeffer abschmecken. Kühl stellen.
Die Garnelen heiß servieren und den gekühlten Dip dazu reichen.

INGWER-

THYMIAN-KÜCHLEIN

- 50 g frischer Ingwer
- 1/2 Topf frischer Thymian
- 350 g Weizenmehl
- 1 Päckchen Backpulver
- 30 g Zucker
- 2 Eier
- 1/4 l Milch
- 1 TL Salz
- 6 EL Speiseöl
- 30 Papier-Backförmchen in Muffingröße

Den Ingwer schälen und klein würfeln. Die Thymianblättchen von den Zweigen zupfen, danach waschen, trockentupfen und fein hacken.
Für den Teig das Mehl mit dem Backpulver mischen und in eine Schüssel sieben. Zucker, Eier, Milch, Salz und Öl hinzufügen und die Masse mit dem Rührgerät erst auf niedrigster, dann auf höchster Stufe zu einem glatten Teig verarbeiten. Zum Schluss den Ingwer und Thymian unterrühren.
Den Backofen auf 180 °C vorheizen. Die Papier-Backförmchen dreifach ineinander stellen und jeweils zwei Drittel hoch mit Teig füllen. Die Förmchen auf ein Backblech stellen und im vorgeheizten Backofen etwa 25 Minuten goldgelb backen. Die Küchlein 10 Minuten in den Formen abkühlen lassen, dann die beiden äußeren Papierformen ablösen (die innerste haftet fest an dem Küchlein und wird erst beim Essen abgelöst).
Zum Backen der Küchlein sind auch die klassischen Muffin-Backbleche (6er-Bleche) geeignet. Man fettet sie gut ein oder setzt jeweils ein Papierförmchen in die Backmulden. Zum Backen die Bleche auf den Rost des Backofens stellen.

Käse-Ingwer Soufflé mit Walnüssen

3 EL Bratfett
3 EL Mehl
100 ml Sahne
120 g Schmelzkäse
1 EL gehackter frischer Ingwer
1 Prise frisch geriebene Muskatnuss
2 Eigelbe
100 g fein gehackte Walnüsse
Butter zum Einfetten
2 Eiweiße

Das Bratfett in einer beschichteten Pfanne erhitzen und darin das Mehl hellgelb anschwitzen. Die Sahne und den Schmelzkäse hinzufügen und rühren, bis der Käse geschmolzen ist. Einmal aufkochen lassen und vom Herd nehmen.
Den Ingwer zusammen mit dem Muskat unter die Käsecreme ziehen. Die Eigelbe und die Hälfte der Walnüsse unterziehen.
Den Backofen auf 180 °C vorheizen. Vier feuerfeste Suppentassen gründlich einfetten und mit den restlichen Walnüssen ausstreuen.
Kurz vor dem Servieren die Eiweiße steif schlagen und unter die Käsecreme ziehen. Die Soufflémasse in die Tassen füllen und im vorgeheizten Ofen etwa 25 Minuten goldgelb backen. Sofort servieren.

GOLDGELBES KÜRBIS-SOUFFLÉ MIT INGWER

300 g Kürbisfruchtfleisch
1 EL Butter
Salz , schwarzer Pfeffer
aus der Mühle
1/8 l Gemüsebrühe
1 Eigelb
2 Eiweiße
Vollkornbrösel
Butter zum Einfetten
der Souffléförmchen
1 EL frischer Ingwer,
fein gehackt

Das Kürbisfruchtfleisch klein schneiden und mit der Butter sowie jeweils 1 Prise Salz und Pfeffer mit dem Ingwer in der Gemüsebrühe weich dünsten. Das Fruchtfleisch passieren und einkochen lassen, bis die Flüssigkeit weitgehend verschwunden ist. Das Kürbismus etwas abkühlen lassen, dann das Eigelb unterrühren. Das Eiweiß steif geschlagen vorsichtig unter das Mus heben.
Den Backofen auf 200 °C vorheizen. Die Souffléförmchen gründlich mit Butter einfetten und mit Vollkornbröseln ausstreuen. Das Soufflé in die Förmchen füllen. In eine feuerfeste Form oder ein hohes Blech etwa 2 cm hoch Wasser füllen und die Förmchen hineinstellen. Das Soufflé im vorgeheizten Ofen etwa 30 Minuten backen.

ZITRONIGER SPARGEL-SALAT

MIT FEIN GERASPELTEM INGWER

400 g weißer Spargel
40 g Butter
Zucker, Salz
50 g frischer Ingwer
schwarzer Pfeffer aus der Mühle
Saft von 1 Zitrone
Sesamöl
frische Kräuter (z. B. Basilikum und Salbei) zum Garnieren

Den Spargel schälen und in Stifte schneiden; die Spargelstifte beiseite legen. Die Spargelschalen mit der Butter, etwas Zucker und Salz mit gut 1/2 l kaltem Wasser in einen Topf geben und zum Kochen bringen. Vom Herd nehmen und 30 Minuten ziehen lassen. Den Spargelfond durch ein Sieb in einen sauberen Topf passieren und darin die Spargelstifte bissfest garen. Abgießen, dabei den Fond auffangen.
Für das Dressing den Ingwer schälen, fein raspeln und in etwas Spargelfond aufkochen lassen. Mit Salz, Pfeffer, Zucker, Zitronensaft und Sesamöl abschmecken. Vom Herd nehmen, die Spargelstifte einlegen und das Ganze mehrere Stunden ziehen lassen. Zum Servieren den Spargelsalat zimmerwarm auf Tellern anrichten und mit Kräutern garnieren.

INGWER-DILL-DIP

1 EL gehackter frischer Dill
1 Knoblauchzehe, gepresst
125 ml saure Sahne
125 g Mayonnaise
1 kleine Zwiebel
1 TL frischer Ingwer, fein gehackt

Den Dill fein zerkleinern und den Knoblauch pressen. Beides zusammen mit der sauren Sahne und der Mayonnaise mit dem Rührbesen in einer Schüssel verrühren. Die Zwiebel sehr fein hacken und mit dem Ingwer in die Sahne-Mayonnaise-Mischung geben.
Das Ganze gründlich durchrühren.
Den Dip abgedeckt mindestens 1 Stunde im Kühlschrank durchziehen lassen.

TIPP: Diesen Dip reicht man am besten zu geschnittenem, frischem Rohkostgemüse.

INGWER-ZITRONEN-DIP

125 ml saure Sahne
125 g Mayonnaise
1 EL Honig
1 EL Zitronensaft
1/2 TL fein geriebene unbehandelte Zitronenschale
1/2 TL fein gehackter frischer Ingwer

Alle Zutaten gründlich miteinander verrühren.
Den Dip abgedeckt mindestens 1 Stunde im Kühlschrank durchziehen lassen.

TIPP: Eignet sich sehr gut als Dip für Honigmelonen.

AUBERGINEN-INGWER-AUFSTRICH

4 Auberginen
60 g fein gehackter Knoblauch
60 g fein gehackter Ingwer
125 g brauner Zucker
50 ml Rotweinessig
30 ml Sesamöl
1 TL getrockneter Estragon
1 TL Fenchelsamen
1/4 l Hühnerbrühe (nur leicht gesalzen)

Wenn meine türkische Freundin Arzu zum Essen einlädt, dann gibt es mit Sicherheit irgendein Gericht mit Auberginen. Beim letzten Mal begeisterte sie mich mit diesem köstlichen Aufstrich, die sowohl zum Frühstück als auch zu einem deftigen Stück Fleisch passt. Knoblauch mit Ingwer – eine herzhafte Mischung!

Die Auberginen (ungeschält) in Würfel schneiden und in einer großen Schüssel mit den restlichen Zutaten – außer der Hühnerbrühe – gut mischen. Das Ganze in eine feuerfeste Form geben und bei 220 °C etwa 1 Stunde im Backofen (Mitte) braten, bis die Flüssigkeit verdampft ist und die Auberginen bräunen und an der Form hängen bleiben; dabei gelegentlich umrühren. Dann die Hälfte der Hühnerbrühe unterrühren und dabei die an der Form haftenden bräunlichen Stücke ablösen. Das Ganze etwa 20 Minuten weiterbacken, bis die Auberginen erneut braun werden. Diesen Schritt mit der restlichen Hühnerbrühe wiederholen.

TIPPS: Der Aufstrich kann kalt oder warm gereicht werden, zum Beispiel zu frischem Weißbrot oder Crackers. Zum Aufbewahren den Aufstrich erkalten lassen und zugedeckt in den Kühlschrank stellen (hält sich bis zu 10 Tagen).

NUSSIGER ERDBEER-SPINATSALAT

2 kg frischer junger Blattspinat
50 ml Zitronensaft
50 g Honig
3 TL Olivenöl
1 TL klein gehackter frischer Ingwer
250 g Erdbeeren, geputzt und halbiert
250 g Honigmelonen-Fruchtfleisch
120 g geröstete Pekannüsse
120 g Gouda oder Edamer

AN INGWER-ZITRONEN-DRESSING

Den Spinat waschen, verlesen und in der Salatschleuder oder einem Küchentuch gut trockenschleudern und in eine große Schüssel geben.
Für das Dressing Zitronensaft, Honig, Olivenöl und Ingwer gründlich verrühren.
Die Erdbeeren waschen, putzen und halbieren. Das Melonen-Fruchtfleisch würfeln. Die Pekannüsse grob hacken. Den Käse in feine Streifen schneiden. Das Ganze mit dem Spinat mischen.
Kurz vor dem Servieren das Dressing unter den Salat ziehen.

ENTEN-CARPACCIO

MIT INGWER UND ANANAS

2 EL Erdnussöl
schwarzer Pfeffer aus der Mühle
2 ausgelöste Entenbrüste ohne Haut
100 g frischer Ingwer
1/2 l Weißweinessig
200 g Zucker
100 ml Sherry-Essig
1/2 l Hühnerbrühe
Fruchtfleisch von 1/2 frischen Ananas
Salz

Mein erstes Carpaccio habe ich ganz stilgerecht in Italien gekostet. Allerdings bereite ich diese Köstlichkeit nicht nur wie üblich aus rohem Rindfleisch, sondern ebenso gerne aus hauchdünn geschnittenem mariniertem Fisch, Wild, Gemüse oder Obst zu. Um es in Anlehnung an die Werke seines Namengebers, den berühmten venezianischen Maler Vittorio Carpaccio (1456–1526), farbenfroh zu gestalten, kombiniere ich das Enten-Carpaccio mit Ananas. Und mit Ingwer gebe ich ihm den letzten kulinarischen Pfiff.

Das Erdnussöl kräftig mit Pfeffer würzen und darin die Entenbrüste wenden. Zum Marinieren die Entenbrüste 2 Tage in den Kühlschrank stellen, dabei das Fleisch mehrmals wenden. Den Ingwer schälen, in feine Stifte schneiden und in einen Topf mit kaltem Wasser geben, zum Kochen bringen. Dann den Ingwer abgießen und kalt abschrecken. Nochmals den Ingwer in kaltes Wasser geben, zum Kochen bringen, abgießen und kalt abschrecken. In einem Topf den Weißweinessig mit der Hälfte des Zuckers zum Kochen bringen. Den Ingwer zugeben, vom Herd nehmen und mindestens 1 Stunde ziehen lassen.
Für die Sauce den Sherry-Essig mit dem restlichen Zucker erwärmen, bis die Masse zu karamellisieren beginnt, dann die Hühnerbrühe zugießen und aufkochen lassen. Die Hitze auf die niedrigste Stufe herunterschalten. Die Ananas klein würfeln und in die Sauce geben. Mit Salz und Pfeffer abschmecken. Die Sauce etwa 15 Minuten ziehen lassen, dann mit dem Stabmixer pürieren und anschließend durch ein Sieb passieren.
Zum Servieren die Entenbrüste in hauchdünne Scheiben schneiden und auf flachen Tellern anrichten. Mit der Ananassauce großzügig beträufeln und die Ingwerstifte darüber streuen.

TIPP: Die restliche Hälfte der frischen Ananas eignet sich perfekt als Garnierung, die nach Belieben gleichzeitig als eine Art Beilage lecker schmeckt.

TATAR VON DER GOLDBRASSE

MIT INGWER UND ZITRONE

500 g Goldbrassenfilet
2 TL Olivenöl
Saft von 1 Zitrone
3 TL fein gehackter frischer Ingwer
Salz
100 g fein gewürfelte Zwiebeln
100 g rote Beeren
frischer Dill

Die Fischfilets waschen, gut trockentupfen und in kleine Würfel schneiden. Für die Marinade das Olivenöl, den Zitronensaft und den Ingwer in einer Schüssel gründlich verrühren. Die Fischwürfel in der Marinade wenden und zum Marinieren etwa 2 Stunden abgedeckt in den Kühlschrank stellen.
Kurz vor dem Servieren das Fischtatar mit Salz abschmecken, die Zwiebeln zugeben und alles gut mischen. Mit roten Beeren und mit Dill garniert servieren.

FELD-SALAT

MIT INGWER-DRESSING

300 g Feldsalat
2 Frühlingszwiebeln
2 Orangen
200 ml saure Sahne
1 EL fein gehackter frischer Ingwer
4 EL Sonnenblumenöl
Saft von 1/2 Zitrone
Salz, schwarzer Pfeffer aus der Mühle

Den Feldsalat waschen, putzen und in der Salatschleuder oder einem Küchentuch trockenschleudern. Den Ingwer schälen und fein hacken. Die Frühlingszwiebeln in feine Ringe schneiden. Die Orangen schälen, von der weißen Haut befreien, in Spalten teilen und diese halbieren.
Für das Dressing die saure Sahne mit dem Ingwer, Öl, Zitronensaft sowie etwas Salz und Pfeffer verrühren.
Kurz vor dem Servieren die Orangen und Frühlingszwiebeln zum Feldsalat geben und das Dressing untermischen. Sofort servieren.

TIPP: Das würzige Dressing eignet sich auch ausgezeichnet für Kopfsalat.

HAUPTSPEISEN

HAUPTSPEISEN

HAUPTSPEI

EN

GRATIN

VOM KÜRBIS MIT INGWER UND BASILIKUM

500 g Kürbis
50 g frischer Ingwer
250 g frisch geriebener Parmesan
8 Basilikumblätter
Salz
Zitronenpfeffer
Currypulver
250 ml Sahne (25% Fett)

Von allen Ingwerrezepten ist das Kürbisgratin mein absoluter Favorit. Die Zubereitung ist einfach und die Gäste sind meist sehr beeindruckt. Sobald die Kürbiszeit beginnt, kommt bei mir dieses Gericht mindestens einmal in der Woche auf den Tisch. Das frische Basilikum ist dabei das Tüpfelchen auf dem i.

Den Kürbis schälen und in kleine Scheiben schneiden. Den Ingwer ebenfalls schälen und in feine Scheiben schneiden. Den Backofen auf 200 °C vorheizen.
Die festen Zutaten – ausgenommen von etwa 3 Esslöffeln Parmesan – in eine ofenfeste Form schichten: Eine Schicht bilden aus Kürbis, Parmesan, einigen Basilikumblättern, Ingwer, etwas Salz, Zitronenpfeffer und Curry. Dann weiter alle Zutaten schichtweise einfüllen, bis alles aufgebraucht ist. Das Ganze mit der Sahne übergießen und zum Schluss mit dem restlichen Parmesan bestreuen. Das Gratin etwa 1 Stunde im vorgeheizten Backofen garen; dabei gegen Ende der Garzeit hin und wieder mit dem Messer in die Kürbisstücke stechen, um zu prüfen, ob der Kürbis gar ist. Das Gratin in der Form sofort servieren.

INGWER-RISOTTO

MIT GRÜNEM SPARGEL

500 g grüner Spargel
Salz, Zucker
1 Zwiebel
5 EL Olivenöl
100 ml Martini
250 g Risottoreis
1 l Gemüsebrühe
1 TL fein geriebener frischer Ingwer
50 g Butter
schwarzer Pfeffer aus der Mühle

Den Spargel hauchdünn schälen und holzige Enden entfernen. Die Spargelspitzen abtrennen und beiseite legen. Die Stangen in Stücke schneiden und in einem 1/4 l Wasser mit je 1 Prise Salz und Zucker etwa 10 Minuten weich garen. Abgießen, dabei das Kochwasser auffangen und beiseite stellen. Die Spargelstücke abtropfen lassen, dann mit dem Stabmixer pürieren. Ebenfalls beiseite stellen.
Die Zwiebel fein würfeln, in heißem Olivenöl andünsten und mit Martini ablöschen. Den Risottoreis gut einrühren und 200 ml Gemüsebrühe zugießen. So lange rühren, bis die Flüssigkeit fast aufgesogen ist, dann nach und nach den Rest der Gemüsebrühe einrühren, dabei die Flüssigkeit immer wieder einkochen lassen. Der Garvorgang dauert etwa 20 Minuten. Kurz bevor man den Topf vom Herd nimmt, den Ingwer, das Spargelpüree und die Butter unterheben. Mit Salz und Pfeffer abschmecken.
Die Spargelspitzen in dem beiseite gestellten Kochwasser weich dünsten.
Zum Servieren den Ingwerrisotto auf vorgewärmten Tellern anrichten und mit den Spargelspitzen garnieren.

TIPP: Gut schmeckt es auch, wenn man zum Schluss etwas geriebenen Parmesan unter den Risotto hebt. Anstelle des Spargels kann man auch getrocknete Steinpilze verwenden und den Risotto mit Safran farblich und geschmacklich ergänzen.

SENFKÖRNER-INGWER-REIS

MIT FRISCHEN FEIGEN

1 Zwiebel (ca. 150 g)
1 EL gewürfelter frischer Ingwer
1 kleine Peperoni
1 1/2 EL Butter
1 1/2 TL Senfkörner
500 g Basmati-Reis
Salz
4 kleine, feste Feigen, gewürfelt

Die Zwiebel schälen und in kleine Würfel schneiden. Die Peperoni entkernen und fein würfeln. Die Butter in einer Kasserolle bei mittlerer Hitze zerlassen.
Die Zwiebel-, Ingwer- und Peperoniwürfel sowie die Senfkörner hinzufügen und 4 bis 5 Minuten dünsten, bis die Zwiebeln weich sind. Den Reis zugeben und gründlich untermischen. 1 l Wasser sowie 1 kräftige Prise Salz hinzufügen. Die Feigen würfeln und unter den Reis mischen. Das Ganze zum Kochen bringen, dann bei geringer Hitze 10 Minuten ziehen lassen. Den Herd ausstellen und den Reis weitere 10 Minuten quellen lassen, bis er körnig-weich ist.

SCHNITTLAUCH-INGWER-WRAPS

1 Tasse Mehl
1 Tasse Milch
1 Tasse kohlensäurehaltiges Mineralwasser
1 Ei
2 TL Öl
1 TL Salz
1 TL geriebener frischer Ingwer
1 Tasse Schnittlauchröllchen
Butter

Alle Zutaten – außer dem Schnittlauch und der Butter – im Mixer zu einem glatten Teig verarbeiten. Den Teig in eine Schüssel geben und bei Zimmertemperatur etwa 1 Stunde quellen lassen. Die Schnittlauchröllchen zugeben und gut einrühren.
Eine beschichtete Pfanne leicht mit Butter auspinseln und erhitzen. Etwas Teig zugeben und die Pfanne schwenken, sodass sich der Teig gleichmäßig dünn verteilt.
Wenn die Unterseite des Wraps nach etwa 30 Sekunden goldgelb und trocken ist, den Wrap mithilfe eines Holzspatels wenden und weitere 15 bis 20 Sekunden backen. Den Wrap auf einen Teller gleiten lassen. So weiter verfahren, bis der Teig aufgebraucht ist.
Die Wraps können beliebig gefüllt werden, zum Beispiel mit Salat, Gemüse oder Putenfleisch.

TIPPS: Wenn Zutaten in gleichem Mengenverhältnis verwendet werden sollen, ist das Abmessen mit einer Tasse am praktischsten. Der Teig kann auch schon am Vortag angesetzt werden und im Mixbehälter im Kühlschrank aufbewahrt werden. Man muss ihn nur vor dem Backen noch einmal kurz durchmixen.

GEBACKENER CAMEMBERT

MIT ERDBEER-INGWER-CHUTNEY

1 kg frische Erdbeeren
50 g frischer Ingwer
2 EL Zucker
4 EL Zitronensaft
4 schwarze Pfefferkörner
2 Eier
4 Päckchen Camembert, gekühlt
2 EL Mehl
50 g Semmelbrösel
Öl zum Ausbacken
grüne Salatblätter

Die Erdbeeren waschen, putzen, würfeln und in eine Schüssel geben. Den Ingwer schälen, grob zerkleinern und durch die Knoblauchpresse über die Erdbeeren pressen. Zucker und Zitronensaft zugeben. Die Pfefferkörner grob hacken und hinzufügen. Das Erdbeer-Ingwer-Chutney vorsichtig mischen und etwa 1 Stunde zugedeckt ziehen lassen.
Die Eier verquirlen. Den Camembert zuerst in Mehl, dann in der Eimasse und schließlich in den Semmelbröseln wenden. Den panierten Käse in reichlich siedendem Öl etwa 2 Minuten rundum knusprig backen.
Zum Servieren das Erdbeer-Ingwer-Chutney auf Salatblättern anrichten und den Camembert daneben legen.

KÄSE-FONDUE MOITIÉ-MOITIÉ MIT INGWER

1 Knoblauchzehe
300 g geriebener Gruyère
300 g klein geschnittener Freiburger Vacherin
4 TL Maisstärke
350 ml Weißwein (trocken)
200 g Vacherin Mont d'Or
1 Prise Cayennepfeffer
1 EL fein gehackter frischer Ingwer

Gerne bekocht mich Jérôme mit Gerichten aus seiner Schweizer Heimat, zur winterlichen Jahreszeit vor allem mit Käsefondue. Das typische Moitié-Moitié-Rezept wird von ihm mit Vacherin Mont d'Or verfeinert, einem dickflüssigen cremigen Käse mit mildem Geschmack. Fantastisch! Natürlich dürfen Sie nicht den »Coup du milieu« vergessen. So nennt man den Schluck Kirschwasser, den man zwecks Förderung der Verdauung möglichst »mittendrin« zu sich nimmt. Ich bade liebend gern meine Brotwürfel im Kirschwasser, bevor ich sie in den Käse tauche.

Das Caquelon (den Fonduetopf für Käsefondue) mit der Knoblauchzehe ausreiben. Den Gruyère und den Freiburger Vacherin mit der Maisstärke mischen und zusammen mit dem Weißwein unter ständigem Rühren aufkochen lassen. Die Hitze reduzieren und den Vacherin Mont d'Or zugeben. Das Fondue rühren, bis der Käse geschmolzen und sämig ist. (Aber nicht mehr kochen lassen!) Mit Cayennepfeffer und Ingwer würzen.
Das Fondue auf dem Rechaud nur noch warm halten und keinesfalls zu stark erhitzen.

TIPP: Die klassische Käsefondue-Beilage zum Tunken sind mundgerecht geschnittene Weißbrotwürfel. Doch jede andere »duftig-locker« gebackene Brotsorte eignet sich für dieses Fondue. Gerne kann man auch kleine Pellkartoffeln dazu reichen.

GEBACKENE SÜSS-KARTOFFEL MIT INGWER UND HONIG

1,5 kg Süßkartoffeln
125 ml flüssiger Honig
50 g gehackter frischer Ingwer
30 ml Walnussöl
1/2 TL fein zerstoßener Kardamom
schwarzer Pfeffer aus der Mühle

Süßkartoffeln gibt es heute in jedem gut sortierten Supermarkt und in größeren Städten auch beim Gemüsehändler um die Ecke. Auf jeden Fall findet man sie in allen afro-asiatischen und in den meisten türkischen Geschäften. Befreite Sklaven brachten einst die Süßkartoffeln aus Amerika mit nach Afrika, wo sie heute häufig nur in Eintöpfen verwendet oder als eine Art Bratkartoffel zu Fleisch und Fisch gereicht werden. In der modernen Cross-over-Küche sind die vielseitigen Knollen sehr beliebt, wobei sich der eher süße Geschmack bestens mit deftigen Speisen und vor allem mit dem pikanten Ingwer kombinieren lässt.

Den Backofen auf 200 °C vorheizen. Die Kartoffeln schälen, würfeln und mit den restlichen Zutaten in einer Schüssel gut verrühren. Die Mischung in eine ofenfeste Form geben und im vorgeheizten Ofen 20 Minuten backen, dann kurz herausnehmen und die Kartoffeln gut umrühren, sodass die Stücke nicht am Boden der Form kleben. Anschließend weitere 20 Minuten backen, bis die Kartoffeln weich sind und ihre Oberfläche karamellisiert ist. Am besten in der Form servieren.

TIPP: Süßkartoffeln schmecken sehr gut mit einem Rinder- oder Schweinebraten und wenn man sie im Backofen mitschmort, werden sie besonders fein, da sie zusätzlich den Bratengeschmack annehmen.

ZITRONIGE KRÄUTERBUTTER SPAGHETTINI

MIT INGWER

500 g Spaghettini
Salz
1/2 Bund Frühlingszwiebeln
100 g Kräuterbutter
3 TL fein geriebener frischer Ingwer
1/2 unbehandelte Zitrone
schwarzer Pfeffer aus der Mühle

Die Spaghettini gemäß Anweisung auf der Packung in Salzwasser al dente kochen. Abgießen und abtropfen lassen.
Die Frühlingszwiebeln putzen und in sehr feine Ringe schneiden. Die Kräuterbutter in einer Pfanne zerlassen und darin den Ingwer und die Frühlingszwiebeln andünsten. Etwas Zitronenschale abreiben und hinzufügen.
Die Zitronenhälfte auspressen und den Saft in die Pfanne geben. Das Ganze mit Salz und Pfeffer abschmecken. Die Spaghettini zugeben und gründlich in der Zitronen-Kräuterbutter schwenken.
Die Spaghettini sofort in einer vorgewärmten Schüssel servieren.

LEICHTER BIRNEN-SCHINKEN MIT INGWER

2 dicke Scheiben Schinken à 250 g
4 Birnenhälften aus der Dose
50 ml Ahornsirup (oder Honig)
50 ml Birnensaft aus der Dose
1 TL sehr klein gehackter frischer Ingwer

Den Backofen auf 180 °C vorheizen.
Die Schinkenscheiben nebeneinander in eine ofenfeste Form legen. Die Birnen auf den Schinken legen. Den Ahornsirup und den Birnensaft mit dem Ingwer mischen und über den Schinken gießen. Die Form mit Alufolie abdecken und den Birnen-Schinken 30 Minuten im vorgeheizten Ofen (Mitte) backen. Am besten in der Form servieren.

TIPP: Das Gericht schmeckt sowohl mit rohem als auch mit gekochtem Schinken.

BASILIKUM-LINGUINE

4 Knoblauchzehen
60 g frischer Ingwer
2 Zwiebeln
125 g Butter
10 Basilikumblätter
1/2 TL grob gemahlener scharfer roter Pfeffer
schwarzer Pfeffer aus der Mühle
500 g Linguine
100 g frisch geriebener Parmesan

MIT BUTTER-INGWER-SAUCE

Es muss ja nicht immer ein klassisches Pesto sein. Diese ganz einfache Variation mit Ingwer und Basilikum lässt das Herz eines jeden Pasta-Fans höher schlagen. Und das Gericht ist schnell zubereitet und eignet sich besonders, wenn die Zeit mal wieder davonrennt, aber der knurrende Magen nach etwas Leckerem verlangt.

Knoblauch, Ingwer und Zwiebeln schälen und in feine Würfel schneiden. Die Butter in einer Pfanne zerlassen. Knoblauch, Ingwer, Zwiebeln, Basilikum und roten Pfeffer hinzufügen. Mit schwarzem Pfeffer abschmecken. Die Sauce etwa 4 Minuten köcheln lassen, bis der Knoblauch weich ist.
Gleichzeitig die Linguine gemäß Anweisung auf der Packung al dente garen. Abgießen und abtropfen lassen.
Zum Servieren die Linguine mit der Sauce mischen und reichlich Parmesan darüber streuen.

GNOCCHI

MIT INGWER ORANGEN-SAUCE

500 g Kartoffelgnocchi (aus dem Kühlregal)
Salz
2 Knoblauchzehen
2 rote Chilischoten
2 Orangen
8 EL Olivenöl
3 TL fein gehackter frischer Ingwer
schwarzer Pfeffer aus der Mühle
4 EL in feine Streifen geschnittene Basilikumblätter
4 EL frisch geriebener Parmesan

Die Gnocchi im Salzwasser bissfest garen. Abgießen und abtropfen lassen.
Den Knoblauch schälen und fein zerkleinern. Die Chilischoten entkernen und in kurze feine Streifen schneiden. Die Orangen schälen, in Scheiben und dann in kleine Stücke schneiden.
Das Olivenöl in einer Pfanne erhitzen und darin den Knoblauch, Ingwer und die Chilischoten andünsten. Die Gnocchi hinzufügen und erhitzen. Die Orangenstücke zugeben. Mit Salz und Pfeffer würzen.
Zum Servieren die (sehr heißen) Gnocchi in eine vorgewärmte Schüssel geben und das Basilikum sowie den Parmesan darüber streuen.

INGWER-PFANN-KÜCHLEIN

MIT MÖHREN UND SESAMKÖRNERN

3 TL Sesamkörner
400 g klein gewürfelte Möhren
120 g fein gehackte Schalotten
3 TL fein gehackter frischer Ingwer
1 Knoblauchzehe
50 g Mehl
2 große Eier, leicht verquirlt
Salz
Pflanzenöl

Die Sesamkörner bei geringer Hitze in einer Pfanne ohne Fett etwa 2 Minuten unter Rühren rösten, bis sie eine goldene Farbe angenommen haben.
Für den Teig Möhren, Schalotten und Ingwer in eine große Schüssel geben und den Knoblauch mit der Knoblauchpresse darüber geben. Alles gründlich vermengen.
Sesamkörner, Mehl, Eier und etwas Salz zugeben und das Ganze wiederum gut mischen.
Reichlich Pflanzenöl in einer Pfanne erhitzen und den Teig in Esslöffelportionen in die Pfanne setzen und zu kleinen Pfannkuchen formen. Die Pfannkuchen braten, bis sie auf beiden Seiten schön braun sind. Herausnehmen und auf Küchenpapier abtropfen lassen.
So weiter verfahren, bis der Teig aufgebraucht ist.

TIPP: Eine scharfe Dipsauce schmeckt zu den Pfannkuchen besonders gut.

BLÄTTERTEIG-GEMÜSEKUCHEN

MIT INGWER

1 Lage Blätterteig (TK oder aus dem Kühlregal)
Butter zum Einfetten
1 Zwiebel
50 g frischer Ingwer
100 g Cherry-Tomaten
1 gelbe Paprikaschote, entkernt
200 g Zucchini
100 g frisch geriebener Käse (Sorte nach Belieben)
Salz
schwarzer Pfeffer aus der Mühle
1 Kugel Mozzarella

Jérômes Gemüsekuchen wird in der Schweiz eigentlich als Wähe bezeichnet. Es ist eine Spezialität, die aus der alemannischen Küche stammt und bei der auf einem dünn ausgerollten Teig ein süßer oder salziger Belag gebacken wird. Wenn etwas Unkompliziertes auf den Tisch soll, das aber trotzdem sehr gut schmeckt, dann muss bei uns solch eine Wähe her.

Ein Backblech gründlich einfetten und darauf den Blätterteig ausrollen. Die Zwiebel und den Ingwer schälen und fein würfeln. Die Tomaten vierteln. Paprika und Zucchini würfeln. Den Backofen auf 200 °C vorheizen.
Den Blätterteig mit einer Gabel dicht an dicht einstechen, damit der Teig von unten Luft bekommt. Gut ein Drittel des geriebenen Käses gleichmäßig auf den Teig streuen. Ingwer- und Zwiebelwürfel darauf verteilen, dann im Wechsel die verschiedenen Gemüsesorten und den Reibekäse schichten; dabei mit etwas Salz und Pfeffer würzen. Zum Schluss den Mozzarella in Würfel schneiden und auf dem Gemüsekuchen verteilen. Den Kuchen im vorgeheizten Backofen etwa 50 Minuten backen. Warm servieren.

WEISS-GRÜNER TAGLIATELLE SALAT

250 g weiße Tagliatelle
250 g grüne Tagliatelle
Salz
400 g Krabben
200 g Möhren
oder Zucchini
100 g frischer rosa Ingwer
150 ml saure Sahne
50 g Mayonnaise
schwarzer Pfeffer aus
der Mühle
fein zerkleinerte frische Kräuter
(Petersilie, Minze oder
Schnittlauch)

MIT ROSA INGWER UND KRABBEN

Auf einer Japanreise kam ich vor vielen Jahren zwischen Osaka und Kyoto zum ersten Mal in den Genuss von rosa Ingwer. Da ich noch nie vorher in einer Sushi-Bar war, wo bunte Tellerchen auf einem Fließband vorbeifahren und zudem kein Wort verstand, geschweige denn die Schrift lesen konnte, war alles recht gewöhnungsbedürftig. Und der rosa Ingwer erschien mir nicht ganz geheuer. Das änderte sich aber sehr schnell, da mir diese Köstlichkeit auf der Zunge zerging und ich den wunderbaren Geschmack heute nicht mehr missen möchte.

Beide Tagliatellesorten gemäß Anweisung auf der Packung in leicht gesalzenem Wasser al dente kochen. Abgießen, kalt abschrecken und abtropfen lassen.
Die Hälfte der Krabben fein zerkleinern und in eine große Schüssel geben. Möhren und Ingwer schälen, in hauchdünne Scheiben schneiden und ebenfalls in die Schüssel geben. Nudeln, saure Sahne, Mayonnaise und 1 kräftige Prise Pfeffer hinzufügen und das Ganze gründlich mischen. Den Salat mindestens 1 Stunde in den Kühlschrank stellen.
Zum Servieren die restlichen Krabben und Kräuter darüber streuen.

TIPP: Dieser Salat passt prima zu Fleisch- oder Fischgerichten, eignet sich aber auch als Vorspeise oder »Salat zum Sattessen«.

ROTBARSCH-

FILET AUF EINER BRUNOISE AUS INGWER, SCHWARZEN OLIVEN UND PAPRIKA

400 g Rotbarschfilet
Salz, weißer Pfeffer aus der Mühle
1 rote Paprikaschote
2 EL schwarze Oliven
Olivenöl
3 TL gewürfelter frischer Ingwer
10 g fein gewürfelte Schalotten
100 ml Roséwein
100 ml Fischfumet (stark konzentrierter Fischfond)
100 g kalte Butter
frische Petersilie

Die klassische Brunoise besteht aus fein gewürfeltem, in Butter oder Öl gedünstetem Wurzelgemüse (Möhren, Knollensellerie, Zwiebeln und Porree) und wird als Beilage zu Fisch oder Fleisch serviert und auch als Suppeneinlage verwendet. Ich probiere immer wieder andere Varianten wie hier die Brunoise aus Ingwer, schwarzen Oliven und Paprika, die dem Fisch eine köstliche geschmacksintensive Note verleiht.

Das Rotbarschfilet waschen, gut trockentupfen und mit etwas Salz und Pfeffer einreiben. Die Paprikaschote waschen, trocknen, entkernen und in kleine Würfel schneiden. Die Oliven ebenfalls fein würfeln.
Etwas Olivenöl in einer beschichteten Pfanne erhitzen und darin das Rotbarschfilet auf beiden Seiten anbraten. Die Paprika-, Ingwer- und Olivenwürfel hinzufügen und das Ganze braten, bis der Fisch gar ist.
Für die Sauce die Schalotten in einem kleinen Topf in ein wenig heißem Olivenöl glasig dünsten. Mit Roséwein ablöschen und diesen zu zwei Drittel einkochen lassen. Den Fischfumet zugießen und das Ganze kräftig aufkochen lassen. Vom Herd nehmen und die Butter in Flocken mit dem Schneebesen in die Sauce einarbeiten. Die Sauce mit Salz und Pfeffer abschmecken.
Zum Servieren den Fisch mit der Brunoise (das heißt: den gebratenen Ingwer-, Oliven- und Paprikawürfelchen) und der Sauce auf einer vorgewärmten Platte anrichten. Reichlich mit zerkleinerter Petersilie garnieren.

MEERRETTICH-ZANDER-FILET MIT INGWER UND KAPERN

2 Zanderfilets
Salz, schwarzer Pfeffer aus der Mühle
1 TL getrockneter Oregano
1 rote Chilischote
1 unbehandelte Zitrone
3 TL geraspelter frischer Ingwer
1 EL geraspelter Meerrettich
150 ml Sahne
2 EL Honig
1 TL Kapern
1 TL fein zerkleinerte frische Kräuter (z.B. Petersilie)
150 ml Crème fraîche

Vom Waliser Dialekt meiner Freundin Cornelia, die aus Zermatt stammt, verstehe ich manchmal nur die Hälfte – kein Problem. In kulinarischer Hinsicht sind wir voll auf einer Linie. Dieses Meerrettich-Zanderfilet gehört zu ihren Meisterwerken, wobei der Ingwer durch die Kapern einen reizvollen Gegenspieler erhält.

Die Zanderfilets waschen, trockentupfen, mit Salz, Pfeffer sowie Oregano einreiben und in eine ofenfeste Form legen. Die Chilischote entkernen und in feine Würfel schneiden. Die Zitrone waschen, abtrocknen und von einer Hälfte die Schale abreiben; die Frucht in dünne Scheiben schneiden. Chili, Zitrone und Ingwer gleichmäßig auf den Fischfilets verteilen. Den Fisch bei 190 °C Umluft im Backofen 10 bis 12 Minuten garen.
Für die Sauce Meerrettich, Sahne, Honig, Kapern und Kräuter in einem Topf bei niedriger Temperatur unter Rühren erhitzen. Etwa 3 Minuten köcheln lassen, dann die Crème fraîche unterrühren. Die Sauce noch ein paar Minuten ziehen, aber nicht kochen lassen. Zum Servieren die Sauce über den Fisch gießen.

TIPP: Als Beilage eignen sich Reis oder Salzkartoffeln.

GRÜNE TOMATEN IM WÜRZIGEN INGWERSUD

1,2 kg feste grüne Tomaten
3 EL Salz
500 ml Weinessig
500 g Zucker
2 Ingwerknollen in Sirup
2 Stangen Zimt
1 EL weiße Pfefferkörner
1 TL Gewürznelken
2 EL Ingwersirup

Diese sauer-süß-würzige Spezialität müssen Sie einfach ausprobieren! Neben Pfeffer, Zimt und Nelken spielt hierbei der Ingwer wieder die Hauptrolle im Gewürzkonzert. Für dieses Rezept verwende ich ausnahmsweise mal nicht die frische Knolle, sondern in Sirup eingelegten Ingwer, den es im Feinkostladen zu kaufen gibt – einfach köstlich! Die Tomaten passen prima als pikante Beilage zu Kurzgebratenem und Gegrilltem oder zum Fondue Bourguignonne. In schöne Einmachgläser abgefüllt sind sie ein tolles Geschenk für gute Freunde.

Die Tomaten trocken abreiben und mehrmals mit einer Nadel hineinstechen, damit die Früchte beim Blanchieren nicht platzen. Etwa 3 l Wasser mit dem Salz zum Kochen bringen. Die Tomaten hinzufügen, einmal kurz aufwallen lassen, dann mit dem Schaumlöffel herausheben und auf Küchenpapier gut abtropfen lassen. Die Tomaten vorsichtig (ohne sie zu quetschen) in 5 Einmachgläser (Fassungsvermögen jeweils etwa 350 ml) füllen.
Den Essig mit dem Zucker erhitzen. Den Ingwer in feine Würfel schneiden, die Zimtstangen zerkleinern und mit den Pfefferkörnern, Gewürznelken sowie dem Ingwersirup in die Essig-Zucker-Lösung geben. Den Sud kräftig aufkochen lassen, dann über die Tomaten geben, bis diese bedeckt sind. Dabei darauf achten, dass sich in jedem Glas ein Teil der Gewürze befindet. Die Gläser sofort mit Schraubdeckeln oder Einmachhaut verschließen.

INGWER-BARSCH MIT SPINAT UND TOMATEN

500 g frischer Spinat
2 Tomaten
4 Barschfilets
3 TL gewürfelter frischer Ingwer
3 TL Sahne
Salz, schwarzer Pfeffer
aus der Mühle

Den Ofen auf 240 °C vorheizen. Den Spinat waschen und gründlich abtropfen lassen. Die Tomaten würfeln. Jeweils ein Barschfilet auf ein Stück Alufolie legen und mit Tomatenwürfeln, Ingwer und Spinatblättern bedecken. Mit Sahne beträufeln, salzen und pfeffern. Die Alufolien dicht verschließen und die Barschfilets etwa 15 Minuten im vorgeheizten Ofen backen.
Zum Servieren die Folienpäckchen auf Teller legen und der Länge nach in der Mitte mit der Küchenschere aufschneiden.

TIPP: Dazu passt gut Parfümreis (auch Duft- oder Thaireis genannt).

GEBRATENE SCAMPI

MIT INGWERKONFITÜRE VON GRÜNEN TOMATEN

INGWER-KONFITÜRE:

500 g halbreife grüne Tomaten
1 Peperoni ohne Samen
2 EL fein gewürfelter frischer Ingwer
300 g Zucker
1 EL scharfer Dijon-Senf
1 EL Aceto Balsamico
abgeriebene Schale von 1 unbehandelten Zitrone
1 TL grober schwarzer Pfeffer

SCAMPI:

4–8 küchenfertige Scampischwänze
3 EL Olivenöl
Salz, schwarzer Pfeffer aus der Mühle
frische Kräuter und kleine grüne Tomaten zum Garnieren

Die Tomaten würfeln und die Peperoni fein zerkleinern. Beides mit den restlichen Zutaten für die Ingwer-Konfitüre in einer Schüssel mischen. Das Ganze 24 Stunden ziehen lassen. Anschließend die Tomatenmasse einkochen, bis sie zu karamellisieren beginnt (ähnlich wie bei dem Aufstrich auf Seite 61).

Das dickere Ende der Scampischwänze der Länge nach etwa 1 cm tief einschneiden. Das Olivenöl in einer Pfanne erhitzen. Die Scampi salzen und pfeffern und zuerst so in die Pfanne drücken, dass die eingeschnittenen Enden sich spreizen, dann von allen Seiten braten.

Zum Servieren die Scampi auf die Teller setzen und die Ingwerkonfitüre hinzufügen oder damit überziehen.

Mit Kräuterblättchen und Tomaten garnieren.

MATJES-

FILETS AUF ROTE-BETE-BIRNEN

MIT INGWER-CRÈME-FRAÎCHE

200 g gegarte Rote Bete
200 g Birnen
1 EL Walnussöl
1 EL Zitronensaft
1 TL Honig
Salz
1 Frühlingszwiebel
250 ml Crème fraîche
50 g Speisequark
1 TL geriebener frischer Ingwer
schwarzer Pfeffer aus der Mühle
1 Chicorée
8 Matjesfilets

Rote Bete und Birnen schälen und in kleine Würfel schneiden. Das Walnussöl in einer Pfanne bei mittlerer Hitze erhitzen und darin die Fruchtwürfel 2 Minuten erhitzen. Zitronensaft und Honig hinzufügen. Mit Salz abschmecken.

Die Frühlingszwiebel putzen und in feine Ringe schneiden. Die Crème fraîche mit dem Quark gut verrühren. Ingwer und Frühlingszwiebelringe unterheben. Mit Salz und Pfeffer abschmecken.

Den Chicorée waschen, trockenschleudern und in einzelne Blätter zerteilen. Die lauwarme Rote-Bete-Birnen-Mischung mit den Matjesfilets auf Tellern anrichten. Die Ingwer-Crème-fraîche hinzufügen und das Ganze mit Chicoréeblättern garnieren.

FORELLENFILET MIT INGWER-CREME UND GRÜNEN LINSEN

200 g grüne Linsen
1/4 l Gemüsebrühe
1 Zwiebel
1 Prise gemahlener Kümmel
2–3 EL Mayonnaise
4 Forellenfilets mit Haut
Fleur de Sel du Guérande oder eine andere Meersalzsorte
8 EL Olivenöl

INGWERCREME:
2 EL Olivenöl
Saft von 1 Limette
2 EL Schnittlauchröllchen
6 Basilikumblätter, fein zerkleinert
100 ml Sahne
1 TL geriebener frischer Ingwer
1/2 TL Fruchtzucker
Salz, schwarzer Pfeffer aus der Mühle
frische Kräuter zum Garnieren

Ich reibe die Forellenfilets gern mit Fleur de Sel du Guérande ein, weil dann die Haut schön knusprig wird. Dieses besonders edle und naturreine Meersalz wird in der Nähe des südbretonischen Städtchens Guérande seit Jahrhunderten auf die gleiche althergebrachte Weise gewonnen.

Linsen und Gemüsebrühe in einen Topf geben. Die Zwiebel schälen, fein würfeln und zu den Linsen geben. Das Ganze 25 Minuten garen, bis die Linsen weich sind. Abgießen und erkalten lassen. Die Linsen mit etwas Kümmel und Mayonnaise mischen.
Die Forellenfilets waschen, trockentupfen und mit Sel du Guérande einreiben. Das Öl in einer großen Pfanne bei mittlerer Temperatur erhitzen und die Filets mit der Haut nach unten hinzufügen. Die Filets bei niedriger Hitze etwa 15 Minuten braten.
Alle Zutaten für die Ingwercreme in einen kleinen Topf geben und bei niedriger Temperatur erhitzen und zu einer sämigen Creme rühren.
Zum Servieren die Forellenfilets auf vorgewärmte Teller geben und mit Ingwercreme beträufeln. Die Linsen hinzufügen und mit Kräuterblättchen garnieren.

MARINIERTER HONIG-INGWER-LACHS

3 TL Koriandergrün
1 1/2 gehackter frischer Ingwer
1/8 l Orangensaft
2 TL Rapsöl
Salz
4 Scheiben Lachsfilet à 200 g
60 g flüssiger Honig

Fast zehn Jahre hat meine Freundin Claudia in Peking gelebt und einige Finessen der asiatischen Küche mit nach Europa gebracht. Dazu gehört mit Sicherheit auch der Umgang mit dem Gewürz Ingwer, was sie zum Beispiel beim Zubereiten ihres köstlichen Lachsgerichts unter Beweis stellt.

Für die Marinade das Koriandergrün fein hacken. Den Koriander, den Orangensaft, das Rapsöl, den Ingwer und etwas Salz in einer Schüssel verrühren. Die Lachsscheiben darin wenden und zum Marinieren mindestens 30 Minuten stehen lassen.
Den Grill auf mittlere Temperatur aufheizen und die Lachsscheiben mit der Haut nach unten darauf legen. Den Lachs auf jeder Seite etwa 7 Minuten grillen. (Garprobe: Mit der Gabel senkrecht zwischen zwei Gewebeschichten stechen, lösen sie sich leicht voneinander, ist der Fisch gar.)
Inzwischen den Honig mit der Marinade in einem Topf unter Rühren zum Kochen bringen. Zum Servieren den Lachs auf vorgewärmten Tellern anrichten und mit der Honig-Marinade beträufeln.

SEEZUNGEN-RÖLLCHEN

4 große Seezungenfilets
Salz, schwarzer Pfeffer aus der Mühle
16 Basilikumblätter
2 Stangen Rhabarber
1 Vanilleschote
3 schwarze Pfefferkörner
100 g Butter
3 TL frischer Ingwer, in Scheiben
1 EL Zucker
4 EL Noilly Prat (Wermut)
1/4 l trockener Weißwein
1 EL Sahne
frisches Basilikum zum Garnieren

RHABARBER-CONFIT:
2 Stangen Rhabarber
1 EL Rotweinessig
50 g Zucker

AN RHABARBER-INGWER-SAUCE MIT VANILLE

Die Fischfilets der Länge nach halbieren, mit Salz und Pfeffer würzen und mit je 2 Basilikumblättchen belegen. Die Filets aufrollen und mit Stäbchen fixieren. In den Kühlschrank stellen.
Den Rhabarber in Stücke schneiden. Die Vanilleschote der Länge nach halbieren. Die Pfefferkörner zerdrücken. Etwa 20 g Butter in einem Topf zerlassen und darin den Rhabarber, den Ingwer, die Vanille herausschaben und zusammen mit der Schote dazugeben. Die Pfefferkörner und den Zucker hinzufügen und andünsten. Mit Noilly Prat ablöschen. Den Weißwein zugießen und das Ganze etwa 20 Minuten köcheln lassen. Die Fischröllchen in den Sud legen und 6 Minuten gar ziehen lassen. Den Fisch herausnehmen und warm halten.
Für die Sauce die Sahne in den Sud rühren und aufkochen lassen und auf etwa 100 ml reduzieren. Mit Salz und Pfeffer abschmecken. Die restliche Butter (nach Belieben auch weniger) in Flocken mit dem Schneebesen unter die Sauce schlagen.
Für das Confit den Rhabarber in etwa 2 cm dicke Scheiben schneiden. Einen 1/4 l Wasser mit dem Essig und Zucker bei mittlerer Hitze zum Kochen bringen. Den Rhabarber zugeben und bissfest garen. Den Rhabarber mit dem Schaumlöffel herausheben und auf einen Teller legen. Die Flüssigkeit stark einkochen lassen und über den Rhabarber gießen.
Zum Servieren die Seezungen-Röllchen mit der Sauce auf vorgewärmten Tellern anrichten. Mit Rhabarber-Confit und Basilikumblättern garnieren.

GEGRILLTE THUNFISCH-STEAKS

IN INGWER-ZITRONEN-MARINADE

750 g Thunfisch, in dicke Scheiben geschnitten
1 Knoblauchzehe, fein gehackt
1 TL fein gehackter frischer Ingwer
60 ml Zitronensaft
3 TL Olivenöl
1 TL Salz
1 TL gemahlener roter Pfeffer
Öl zum Einfetten
1 Zitrone, geviertelt
frische Petersilie

Die Thunfischsteaks waschen, trockentupfen und in eine flache Schüssel legen. Den Knoblauch schälen, sehr fein zerkleinern und in einer separaten Schüssel mit dem Ingwer, dem Zitronensaft, Olivenöl, Salz und Pfeffer zu einer Marinade verrühren.
Die Marinade über den Fisch gießen. Die Schüssel mit Folie abdecken und mindestens 1 Stunde, aber nicht länger als 24 Stunden, in den Kühlschrank stellen.
Das Grillgitter mit Olivenöl einstreichen, den Fisch aus der Marinade nehmen, abtropfen lassen und bei mittlerer Hitze für 15 bis 20 Minuten von beiden Seiten grillen und dabei immer wieder mit der Marinade bestreichen. Die Thunfischsteaks sind gar, wenn sie sich leicht mit der Gabel teilen lassen.
Zum Servieren die Thunfischsteaks auf vorgewärmten Tellern anrichten und mit Zitronenvierteln und Petersilie garnieren.

TIPP: Gut passen Kartoffelbrei oder Risotto dazu.

GEBRATENE INGWER-CALAMARI

MIT KORIANDER AUF ZUCCHINI-GEMÜSE

8 küchenfertige Calamari
6 Korianderblätter
1/2 Chilischote
3 TL geriebender frischer Ingwer
6 zerstoßene Korianderkörner
Saft von 2 Limetten
Basilikumöl (frisches Basilikum mit Olivenöl gemixt)
Olivenöl
2 Zucchini
1 Knoblauchzehe
2 Thymianzweige
2 EL Tomatenmark
Salz, schwarzer Pfeffer aus der Mühle
Zitronenscheiben, Koriandergrün und Chilischoten zum Garnieren (nach Belieben)

Neben Ingwer spielt auch Koriander in meiner Küche eine große Rolle, denn die beiden Aromen verbinden sich ausgesprochen harmonisch miteinander. Zu den Calamari serviere ich meist einen eiskalten trockenen Chardonnay, am liebsten aus dem kalifornischen Weingut Robert Mondavi (Chardonnay Reserve Napa Valley 1998).

Die Calamari aufschneiden und auseinander klappen. Jedes Stück auf 2 Holzspieße stecken, anschließend den Kopf samt Tentakeln darauf stecken. Die Korianderblätter und die Chilischote (ohne Kerne) fein zerkleinern und mit dem Ingwer, den Korianderkörnern, dem Limettensaft und 2 Esslöffeln Basilikumöl gründlich verrühren. Mit der Mischung die Calamari einpinseln.

In einer Pfanne etwas Olivenöl erhitzen und darin die Calamari beidseitig anbraten. Zucchini in Scheiben und den Knoblauch in feine Blättchen schneiden und alles mit dem Thymian in heißem Olivenöl leicht bräunen. Zum Schluss das Tomatenmark zugeben und mit Salz und Pfeffer würzen.

Zum Servieren die Calamari auf dem Zucchinigemüse anrichten und mit frischem Basilikumöl beträufeln. Nach Belieben mit Zitronenscheiben, Koriandergrün und Chilischoten garnieren.

GEGRILLTE ZITRONEN-INGWER-SHRIMPS

1 kg geschälte küchenfertige Riesen-Shrimps (King Prawns)
1 Zwiebel
2 Knoblauchzehen
3 TL fein gehackter frischer Ingwer
1-2 EL Koriandergrün
125 ml Olivenöl
1 TL Sesamöl
60 ml Zitronensaft
1/2 TL Paprikapulver
Salz, schwarzer Pfeffer aus der Mühle
Öl zum Einfetten des Grillgitters

Die Shrimps trockentupfen und prüfen, ob der schwarze Darmfaden entfernt ist (was bei küchenfertigen Prawns in der Regel der Fall ist).
Zwiebel und Knoblauch schälen und zerkleinern. Das Koriandergrün fein hacken. Zusammen mit dem Ingwer alles in eine große Schüssel geben. Olivenöl, Sesamöl, Zitronensaft, Paprikapulver, etwas Salz und Pfeffer hinzufügen und das Ganze gut mischen. Eine kleine Menge der Marinade zum späteren Bestreichen der Shrimps herausnehmen und beiseite stellen. Die Shrimps in die Marinade geben, sodass sie von der Flüssigkeit bedeckt sind. Zudecken und mindestens 2 Stunden in den Kühlschrank stellen.
Den Grill auf mittlerer Hitze vorheizen, die Shrimps auf Grillspieße stecken (am besten der Länge nach). Das Grillgitter leicht einölen und die Shrimps auf jeder Seite 2 bis 3 Minuten grillen, dabei mit der vorher zur Seite gestellten Marinade bestreichen.

TIPP: Zitronenscheiben und etwas Blattsalat mit frischen Kräutern dazu reichen.

INGWER-ESTRAGON-HÜHNCHEN

4 halbe Hühnerbrüste mit Haut
Salz
60 g fein gehackter frischer Ingwer
60 g Mehl
100 ml Olivenöl
1 Zwiebel
1/4 l Hühnerbrühe
300 ml Sahne
1/8 l trockener Weißwein
50 g gehackter frischer Estragon
12 dicke Stangen grüner Spargel
1 Zitronenviertel

MIT GRÜNEM SPARGEL

Die Hühnerbrüste mit Salz und der Hälfte des Ingwers einreiben, dann mit Mehl überstreuen. 30 ml Olivenöl in einer Pfanne bei mittlerer Hitze heiß werden lassen und darin die Hühnerbrüstchen mit der Hautseite nach unten kross anbraten. Ein-, zweimal wenden und braten, bis das Fleisch fast durch und die Haut knusprig braun ist. Beiseite stellen.
Die Zwiebel schälen und klein würfeln. Das restliche Olivenöl in einer großen Pfanne erhitzen und darin die Zwiebelwürfel glasig dünsten. Mit der Hühnerbrühe ablöschen und die Sahne untermischen. Die Sauce etwa 10 Minuten köcheln lassen. Den Weißwein unterrühren und kurz aufkochen lassen. Den Estragon und den restlichen Ingwer hinzufügen. Die Hühnerbrüstchen nebeneinander in die Sauce legen und das Ganze bei geringer Hitze garen, bis die Sauce dickflüssig wird und die Hühnerbrüste vollkommen durch sind; dabei immer wieder mit einem Löffel etwas Sauce über die Hühnerbrüste geben.
Die holzigen Enden der Spargel abschneiden und die ganzen Stangen in Salzwasser etwa 7 Minuten garen, bis sie weich, aber trotzdem noch schön grün sind. Den Spargel herausheben und abtropfen lassen.
Zum Servieren den Spargel (alle Spitzen in eine Richtung) auf den Tellern anrichten und mit Zitronensaft beträufeln. Die Hühnerbrüste mit der Haut nach oben auf die Spargelstangen legen, sodass die Spargelspitzen noch zu sehen sind. Die Sauce über das Fleisch und neben den Spargel gießen.

ZITRONEN-HUHN

MIT INGWER UND SALBEI

1 Hähnchen
Salz, schwarzer Pfeffer aus der Mühle
2 Knoblauchzehen
2 Zitronen
2 EL Olivenöl
3 TL frischer Ingwer, gestiftelt
100 ml trockener Weißwein
3 EL Zitronensaft
4 Gewürznelken
6 Salbeiblätter
frische Salbeiblätter zum Garnieren

Das Hähnchen in mehrere Teile zerlegen und diese mit Salz und Pfeffer würzen. Den Knoblauch schälen und in feine Streifen schneiden. Die Zitronen waschen und in dicke Scheiben schneiden.
Das Olivenöl in einer Pfanne erhitzen und darin die Hähnchenstücke rundum kross anbraten. Knoblauch und Ingwer hinzufügen und 1 Minute braten. Den Weißwein zugießen und fast vollständig einkochen lassen. Zitronenscheiben, Zitronensaft, Gewürznelken und Salbei zugeben. Gut umrühren und das Ganze bei mittlerer Hitze 20 Minuten zugedeckt köcheln lassen, bis das Huhn goldgelb und von einer sämigen Sauce eingehüllt ist; dabei die Hähnchenstücke ab und zu wenden.
Zum Servieren die Hähnchenteile auf einer Platte anrichten und mit Salbeiblättchen garnieren.

TIPP: Gut dazu passen Rohkostsalat und frisches Brot.

ZARTES HÜHNCHEN

MIT INGWER-SAFRAN-SAUCE

4 Hühnerbrüstchen
à 150 g
1 EL Zitronensaft
Salz, schwarzer Pfeffer
aus der Mühle
1 EL Senf
1 EL Bratbutter
(Butterschmalz)
50 ml Noilly Prat (Wermut)
50 g frischer Ingwer
1 Schalotte
1 EL Butter
100 ml Hühnerbrühe
1 Päckchen Safran
100 ml saure Sahne
1/2 Bund Schnittlauch,
in Röllchen geschnitten

Den Backofen auf 80 °C vorheizen und eine ofenfeste Platte oder flache Form zum Vorwärmen hineinstellen.
Die Hühnerbrüstchen mit dem Zitronensaft beträufeln und auf beiden Seiten mit Salz, Pfeffer und Senf bestreichen. In einer Pfanne die Bratbutter erhitzen und darin die Hühnerbrüstchen anbraten. Das Fleisch auf die vorgewärmte Platte legen und im vorgeheizten Ofen (Mitte) 30 Minuten garen. Den Bratensaft in der Pfanne mit Noilly Prat ablöschen und durch ein feines Sieb abgießen. Kurz beiseite stellen.
Den Ingwer und die Schalotte schälen, klein hacken und in einem Topf in heißer Butter andünsten. Mit dem Bratensaft und der Hühnerbrühe ablöschen. Den Safran zugeben und das Ganze auf die Hälfte einkochen lassen. Die saure Sahne zugießen und die Sauce unter Rühren köcheln lassen, bis sie eine sämige Konsistenz annimmt.
Mit Salz und Pfeffer abschmecken.
Zum Servieren die Hühnerbrüstchen in Scheiben schneiden und mit der Sauce anrichten. Mit Schnittlauchröllchen garnieren.

INGWER-HÜHNCHEN IM RÖMERTOPF

400 g Hähnchen-brustfilet
Salz, schwarzer Pfeffer aus der Mühle
1 Knoblauchzehe
2 TL klein gehackter frischer Ingwer
300 g Champignons
150 g frisch geriebener Emmentaler
1/8 l Hühnerbrühe
125 ml Crème fraîche

In meiner Jugend war der Römertopf ziemlich »in« und ich erinnere mich gut, dass wir zu Hause oftmals in den Genuss von Rinderbraten oder Wild aus dem Römertopf kamen. Mit dem Ingwer-Hühnchen habe ich diese tolle Zubereitungsform für mich wieder neu entdeckt. Im Römertopf bleiben die Nährstoffe und Vitamine weitgehend erhalten, das Garen im Ton benötigt kaum zusätzliches Fett oder zusätzliche Flüssigkeit, denn die Speise gart im eigenen Saft. Der natürliche Geschmack des Ingwer-Hühnchens wird auf alle Fälle intensiviert. Allerdings darf man nicht vergessen, den Römertopf samt Deckel vor der Verwendung etwa 30 Minuten in kaltem Wasser zu wässern, damit der Ton während des Garvorgangs die Feuchtigkeit wieder abgeben kann.

Das Hähnchenbrustfilet in mundgerechte Stücke schneiden, salzen, pfeffern und in den Römertopf legen. Knoblauch schälen, klein hacken und auf dem Hühnerfleisch verteilen. Danach den Ingwer darauf verteilen. Die Champignons putzen, in Scheiben schneiden und ebenfalls auf das Fleisch legen. Den Emmentaler darüber streuen. Die Hühnerbrühe mit der Crème fraîche verrühren und in den Römertopf geben. Den geschlossenen Römertopf in den kalten (!) Ofen auf die mittlere Schiene stellen. Das Ingwer-Hühnchen bei 200 °C etwa 70 Minuten backen, bis das Fleisch schön weich ist. Im Römertopf servieren.

TIPP: Knuspriges Baguette oder Reis dazu reichen.

HÜHNCHEN-FONDUE MIT INGWER-WEISSWEIN-BRÜHE

1 l Hühnerbrühe
200 ml trockener Weißwein
2 Scheiben unbehandelter Zitronen
1 TL Kristallzucker
2 große Knoblauchzehen, gehackt
3 TL gehackter frischer Ingwer
500 g Hühnerbrust ohne Haut und Knochen
500 g Broccoli
1 Zucchino oder Sommerkürbis
500 g Mangold oder Kopfsalat
1 rote oder grüne Paprikaschote
200 g Champignons

Für die Fonduebrühe die Hühnerbrühe, den Weißwein und die Zitronenscheiben in den Fonduetopf geben. Den Knoblauch schälen, fein hacken und zusammen mit dem Ingwer in den Topf geben. Das Ganze zum Kochen bringen, dann sprudelnd kochen lassen.
Die Hühnerbrust in mundgerechte Stücke schneiden und auf eine Platte legen. Broccoli, Zucchino oder Kürbis, Mangold, Paprika und Pilze in Stücke schneiden und auf eine separate Platte oder in Schüsselchen geben. Das Gemüse sollte sich gut auf eine Fonduegabel spießen lassen. (Rohes Hühnerfleisch sollte nicht mit anderen Lebensmitteln in Berührung kommen!)
Die aufgespießten Stücke zum Garen in die Brühe hängen. Die Hühnerstücke sind gar, wenn sie innen nicht mehr rosa sind; die Gemüsestücke werden leicht knusprig gekocht.

TIPP: Knoblauchsauce und weitere Dips ergänzen das Fondue hervorragend.

ENTEN-

MIT HONIG UND INGWER

4 Entenbrüste mit Haut
Salz, schwarzer Pfeffer aus der Mühle
3 TL gehackter frischer Ingwer
3 EL flüssiger Honig
1 EL Apfelessig
1/4 l Rinderbrühe
60 g Butter

Die Fleischseite der Entenbrüste mit Salz und Pfeffer würzen. Auf zwei der gewürzten Fleischseiten die Hälfte des Ingwers verteilen und jeweils eine Entenbrust obenauf legen (Fleischseite auf Fleischseite). Die aufeinander gelegten Entenbrüste jeweils mit Küchengarn zusammenbinden. Den Backofen auf 210 °C vorheizen.
Einen flachen Bräter mit Alufolie auslegen und die Entenbrüste hineinlegen und mit dem restlichen Ingwer rundum bestreuen. Das Fleisch im vorgeheizten Backofen auf jeder Seite etwa 20 Minuten braten (30 Minuten, wenn es gut durch sein soll).
Für die Sauce den Honig in einem Topf bei niedriger Temperatur 5 Minuten erhitzen. Den Essig zugeben und zur Hälfte einkochen lassen. Die Rinderbrühe hinzufügen und die Sauce etwa 20 Minuten köcheln lassen, zum Schluss mit der Butter aufschlagen.
Zum Servieren die Entenbrüste in dünne Scheiben schneiden, auf den Tellern anrichten und mit etwas Sauce umgießen oder beträufeln. Die restliche Sauce separat dazu reichen.

TIPP: Als Beilage eignen sich Nudeln oder Reis und ein knackiger Blattsalat.

BRUST

SAUTIERTE GEFLÜGEL-LEBER MIT INGWER

2 Zwiebeln
1 EL Olivenöl
500 g Geflügelleber
3 TL geriebener frischer Ingwer
Salz, schwarzer Pfeffer aus der Mühle
Korianderblättchen zum Garnieren

Die Zwiebeln schälen und würfeln. Das Olivenöl bei mittlerer Hitze in einer Pfanne erhitzen und darin die Zwiebelwürfel glasig dünsten.
Die Geflügelleber zugeben und etwa 10 Minuten rundum anbraten. Den Ingwer in die Pfanne geben. Das Ganze weitere 5 Minuten braten. Mit Salz und Pfeffer würzen.
Zum Servieren die Geflügelleber in Scheiben schneiden und auf einer Platte anrichten. Mit Korianderblättchen garnieren.

TIPP: Dazu passt am besten ein grüner Salat und Reis.

GÄNSE-KEULEN

MIT PFLAUMEN-INGWER-SAUCE

4 Gänsekeulen
Salz, schwarzer Pfeffer aus der Mühle
4 EL Olivenöl
300 g Zwiebeln
2 Äpfel (z. B. Cox Orange)
1 Orange
50 g frischer Ingwer
250 g Backpflaumen
200 ml Geflügelfond
1/4 l trockener Weißwein
2 EL Honig
gemahlener Koriander

Die Gänsekeulen waschen, trockentupfen und mit Salz und Pfeffer einreiben. Den Backofen auf 180 °C vorheizen.
Das Olivenöl in einem Bräter erhitzen und darin die Gänsekeulen rundum etwa 5 Minuten scharf anbraten. Herausnehmen und beiseite legen. Den Bräter nicht säubern!
Zwiebeln, Äpfel und Orange schälen, grob zerkleinern und in den Bräter geben. Den Ingwer schälen, reiben und mit den Pflaumen hinzufügen und anbraten. Geflügelfond, Weißwein sowie ein 1/4 l Wasser zugießen. Die Gänsekeulen in den Sud legen und das Ganze zugedeckt im vorgeheizten Ofen etwa 35 Minuten garen, bis das Fleisch sich leicht von den Knochen lösen lässt.
Die Gänsekeulen herausheben und warm halten. Einige Zwiebel-, Apfel- und Pflaumenstücke herausnehmen und in ein Schüsselchen geben. Den restlichen Bratensud mit dem Mixstab pürieren, dann durch ein Sieb passieren. Die Zwiebel- und Obststücke wieder hinzufügen. Die Sauce mit Salz, Pfeffer, Honig und Koriander abschmecken.
Die Gänsekeulen mit der Sauce auf vorgewärmten Tellern anrichten.

TIPP: Dazu passen Knödel jeder Art oder Gnocchi.

SCHWEINEFILET-MEDAILLONS

4 Schweinefilet-Medaillons à 150 g
schwarzer Pfeffer aus der Mühle
Currypulver
Olivenöl
50 g frischer Ingwer
3 Bananen
250 ml Sahne
1 Knoblauchzehe
Weißwein (nach Belieben)
Salz, Zucker

MIT BANANEN-INGWER-SAUCE

Die Schweinefilet-Medaillons flach drücken und mit Pfeffer und Currypulver würzen. Etwas Olivenöl in einer Pfanne erhitzen und darin die Medaillons auf beiden Seiten anbraten. Herausnehmen und warm halten. Die Pfanne nicht säubern!

Den Ingwer und die Bananen schälen, beides in Scheiben schneiden und in der Pfanne kurz anbraten. Mit der Sahne und nach Belieben auch mit einem Schuss Weißwein ablöschen. Die Sauce mit Pfeffer, Curry, Salz und Zucker abschmecken. Die Sauce reduzieren, bis sie eine sämige Konsistenz hat und die Bananen noch nicht ganz zerkocht sind. Zum Servieren die Schweinefilet-Medaillons mit der Sauce auf vorgewärmten Tellern anrichten.

TIPP: Dazu passt ausgezeichnet Jasminduftreis oder Wildreis.

MARINIERTER INGWER-KASSLER-BRATEN

MIT ORANGEN-HONIG-KRUSTE

1,5 kg Kassler mit Knochen und Fettrand
1/2 l trockener Weißwein
3 TL gewürfelter frischer Ingwer
1 Zwiebel
abgeriebene Schale von 1/2 unbehandelten Zitrone
6 schwarze Pfefferkörner
6 Wacholderbeeren
3 Petersilienstängel
2 EL Öl
1 EL Honig
2 EL Orangenmarmelade
2 EL Dijon-Senf
1 EL geriebener Meerrettich
2 EL Weißbrotbrösel
3 EL Crème fraîche
200 ml Fleischbrühe
Crème fraîche für die Sauce (Menge nach Belieben)

Das Kassler in eine nicht zu große Schüssel geben und mit Wein übergießen. Den Ingwer darüber streuen. Die Zwiebel schälen, in Stücke schneiden und mit der Zitronenschale, den Pfefferkörnern, Wacholderbeeren und der Petersilie zum Fleisch geben. Das Fleisch mindestens 4 Stunden marinieren; dabei mehrmals wenden.

Den Backofen auf 200 °C vorheizen. Das Kassler aus der Marinade nehmen und gut trockentupfen. Das Öl in einem Bräter erhitzen und darin das Fleisch rundum scharf anbraten. Die Marinade durch ein Sieb in ein Gefäß gießen. Die im Sieb aufgefangenen Gewürze zum Fleisch geben und kurz mit andünsten. Die Hälfte der Marinade über das Fleisch gießen und das Ganze im vorgeheizten Ofen 30 Minuten garen; dabei das Fleisch ab und zu mit Marinade begießen.

Nach 15 Minuten Garzeit das Fleisch wenden und die Ofentemperatur auf 220 °C erhöhen. Für die Kruste Honig, Orangenmarmelade, Senf, Meerrettich, Weißbrotbrösel und Crème fraîche verrühren. Die Oberseite des Kasslers dick mit der Krustenmasse bestreichen. Das Fleisch weitere 15 Minuten braten, bis die Kruste knusprig braun wird. Das Kassler herausnehmen und warm stellen.

Für die Sauce den Bratensatz mit der Fleischbrühe ablöschen und kräftig aufkochen lassen. Die Sauce durch ein Sieb passieren, dann um etwa ein Drittel einkochen lassen. Etwas Crème fraîche unterrühren und sämig einkochen lassen. Die Sauce mit Salz und Pfeffer abschmecken.

Zum Servieren das Fleisch von den Knochen lösen, in Scheiben schneiden und auf einer Platte anrichten. Die Sauce separat dazu reichen.

GEPFEFFERTER INGWER-SCHWEINE-RÜCKEN

1,2 kg Schweinerücken
50 g frischer Ingwer
4 Zwiebeln
6 Knoblauchzehen
Salz, schwarzer Pfeffer
aus der Mühle
3 EL Olivenöl
1 Zweig Thymian

Das Fleisch in mundgerechte Stücke schneiden. Den Ingwer und die Zwiebeln schälen; Ingwer in feine Scheiben und Zwiebeln in Ringe schneiden. Den Knoblauch mit etwas Salz und Pfeffer im Mörser zerstampfen.

Das Olivenöl in einer Kasserolle erhitzen und darin das Fleisch rundum anbraten. Die Zwiebelringe und den Knoblauch zugeben und dabei gut vermischen. Den Thymian hinzufügen und das Ganze etwa 5 Minuten köcheln lassen. Den Ingwer hinzufügen und das Ganze bei geringer Hitze etwa 40 Minuten garen. Falls das Gericht zu trocken wird, während des Garens etwas heißes Wasser zugießen.

TIPP: Am besten schmeckt Reis zu diesem Schweinerücken.

WÜRZIGES INGWER-KALBSSCHNITZEL

MIT ZITRONE UND ROSA PFEFFER

1 unbehandelte Zitrone
100 g Puderzucker
500 g Kalbsschnitzel, dünn geschnitten und flach geklopft
50 g Mehl
Salz, schwarzer Pfeffer aus der Mühle
60 g Butter
250 ml Hühnerbrühe
2 TL fein gehackter frischer Ingwer
2 TL rosa Pfefferkörner
Salatblätter und kandierte Zitronenschalen zum Garnieren

Angesteckt von meinem »Ingwerwahn« hat auch meine Mutter, übrigens eine sehr gute Köchin, einige ihrer traditionellen Gerichte neu belebt und den Speisen – wie hier zum Beispiel den Kalbschnitzeln – mithilfe des Ingwers das gewisse exotische Etwas verpasst.

Die Schale der Zitrone in sehr feine Julienne-Streifen schneiden (oder mit dem Zestenschneider abziehen). Den Saft der Zitrone auspressen und zur Seite stellen. Die Zitronenschale, den Puderzucker mit 150 ml Wasser in eine Pfanne geben und zum Kochen bringen. Die Hitze verringern und den Sud 15 bis 20 Minuten köcheln lassen, bis das meiste Wasser verdampft ist und die Zitronenschale im klaren Sirup kandiert ist (die Schale nicht braun werden lassen). Vom Herd nehmen und zur Seite stellen.
Die Kalbsschnitzel mit Mehl einreiben und mit Salz und Pfeffer würzen. Die Hälfte der Butter in einer großen Pfanne bei starker Hitze zerlassen. Die Kalbsschnitzel hinzufügen und auf jeder Seite 1 bis 2 Minuten braten. Die Schnitzel herausnehmen und warm halten. Hühnerbrühe, Ingwer, Pfefferkörner und Zitronensaft in die Pfanne geben und unter gelegentlichem Rühren kochen lassen, bis die Sauce zur Hälfte reduziert ist. Die restliche Butter mit dem Schneebesen einrühren und die Sauce mit Salz und Pfeffer abschmecken. Zum Servieren die Schnitzel auf einer Servierplatte anrichten. Die Sauce über die Schnitzel gießen und das Ganze mit kandierten Zitronenschalen bestreuen. Nach Belieben mit Salatblättern garnieren.

RAFFINIERTES KRUSTEN-RINDER-FILET

MIT INGWER-KARTOFFEL-PÜREE

1 kg Rinderfilet am Stück
1 Scheibe Weißbrot
125 ml Sahne
1 EL fein gewürfelte Schalotten
Salz, schwarzer Pfeffer aus der Mühle
1 EL Cognac
1 EL Butter
1 EL Öl
250 g Blätterteig (TK oder Kühlregal)
1 Eigelb, verquirlt

INGWER-KARTOFFEL-PÜREE:

500 g mehlige Kartoffeln
1/4 l Milch
50 g geriebener frischer Ingwer
1 Eigelb
1 EL Butter
Salz

Dieses raffinierte Rezept verdanke ich dem Restaurant Bam Bou in Luzern – einfach göttlich!

Etwa 100 g des Rinderfilets abschneiden und im Mixer fein zerkleinern. Die Brotscheibe mit der Sahne übergießen, etwas aufweichen lassen und zu der Fleischfarce in den Mixer geben. Kurz aufmixen, dann Schalotten, Salz, Pfeffer und Cognac untermischen.
Das Rinderfiletstück rundum mit Salz und Pfeffer einreiben. Die Butter und das Öl in einer Pfanne erhitzen und darin das Filet von allen Seiten scharf anbraten.
Den Backofen auf 200 °C vorheizen. Den Blätterteig so ausrollen, dass sich das Filet darin einwickeln lässt. Die Fleischfarce auf der Teigplatte so verstreichen, dass ringsherum ein Rand von 2 cm bleibt. Den Rand mit Eigelb bestreichen. Das Filet in der Mitte platzieren und den Teig zur Mitte hin darüber schlagen und leicht andrücken. Die Teigoberfläche mit dem restlichen Eigelb bestreichen. Das Ganze im vorgeheizten Backofen etwa 30 Minuten backen. Herausnehmen und vor dem Aufschneiden ein paar Minuten ruhen lassen.
Für das Kartoffelpüree die Kartoffeln schälen und in grobe Würfel schneiden. Die Kartoffeln in Salzwasser etwa 20 Minuten garen, bis sie weich sind. Abgießen, etwas ausdampfen lassen und in eine große Schüssel füllen. Die Milch erwärmen und mit dem Ingwer zu den Kartoffeln geben. Die Kartoffeln mit dem Stampfer zerdrücken. Eigelb und Butter unter das Püree rühren, nach Belieben mit Salz abschmecken.
Zum Servieren das Krusten-Rinderfilet in Scheiben schneiden und auf einer Platte anrichten. Das Kartoffelpüree separat dazu reichen.

TIPP: Als weitere Beilage eignen sich Gemüse wie Broccoli oder Blumenkohl.

ENTRECÔTE AUF INGWER-SALBEI-BEET MIT COGNAC

4 EL Olivenöl
1 Bund frischer Salbei
2 TL frischer Ingwer, in Scheiben
2 Entrecôtes à 350 g
Salz , schwarzer Pfeffer aus der Mühle
4 EL Cognac
2 Echalotten oder Schalotten
50 g Butter
250 ml Sahne (25% Fett)

Eine ofenfeste Glasform, in die beide Entrecôtes nebeneinander liegend hineinpassen, mit 2 EL Olivenöl gründlich einfetten.
Die Salbeiblätter von den Stängeln zupfen und den Boden der Form in der Größe der Fleischstücke damit bedecken; die restlichen Blätter beiseite legen. Die Hälfte der Ingwerscheiben auf den Salbeiblättern verteilen; die andere Hälfte beiseite legen. Den Backofen auf 100 °C vorheizen.
Das restliche Öl in einer Pfanne erhitzen und darin die Entrecôte-Stücke ganz kurz anbraten. Das Fleisch auf beiden Seiten mit Salz und Pfeffer würzen und auf das Ingwer-Salbei-Beet in die Form setzen. Das Ganze im vorgeheizten Ofen garen, dabei am besten ein Fleischthermometer in eines der Entrecôtes stecken. Bei 60 °C – nach etwa 50 Minuten – ist das Fleisch medium und kann aus dem Ofen genommen werden. Nach 20 Minuten Garzeit das Fleisch mit 2 Esslöffeln Cognac begießen und dies kurz bevor man es aus dem Ofen nimmt wiederholen.
Für die Sauce die Echalotten fein hacken, in heißer Butter goldgelb anbraten und mit dem restlichen Cognac ablöschen. Die Sahne zugeben und die Sauce bei geringer Hitze sämig einköcheln lassen. Den restlichen Ingwer und die restlichen Salbeiblätter fein zerkleinern und hinzufügen. Mit Salz und Pfeffer würzen.
Zum Servieren die Entrecôtes portionieren und auf vorgewärmten Tellern mit etwas Sauce und der Ingwer-Salbei-Mischung anrichten.

TIPP: Am besten passen dazu Bandnudeln oder Bratkartoffeln.

HIRSCH-SCHNITZEL

MIT INGWER-PFLAUMEN-SAUCE

8 Hirschschnitzel
(ca. 600 g)
1 EL Bratbutter
(Butterschmalz)
Salz , schwarzer Pfeffer
aus der Mühle
300 g Pflaumen
3 TL geriebener frischer
Ingwer
1 EL brauner Zucker
1/2 l roter Traubensaft
1 Zwiebel
2-3 TL kandierter Ingwer
100 g kalte
gewürfelte Butter
200 ml Rotwein
100 ml Kalbsbrühe
frische Kräuter oder
Blattsalat zum Garnieren

Den Backofen auf 80 °C vorheizen und eine flache, ofenfeste Form zum Vorwärmen hineinstellen.
Die Schnitzel waschen, trockentupfen und bei starker Hitze in heißer Bratbutter auf jeder Seite 30 Sekunden anbraten. Herausnehmen, mit Salz und Pfeffer würzen. Die Schnitzel in die vorgewärmte Form geben und im vorgeheizten Backofen etwa 30 Minuten braten.
Die Pflaumen aufschneiden, entkernen und vierteln. Die Früchte mit der Schnittfläche nach oben in einen großen Topf geben. Den frischen Ingwer darüber geben und mit dem braunen Zucker bestreuen. Den Traubensaft zugießen und zum Kochen bringen. Vom Herd nehmen und zugedeckt beiseite stellen.
Für die Sauce die Zwiebel schälen und würfeln. Den kandierten Ingwer in feine Würfel schneiden. Die Zwiebeln mit dem Ingwer in 10 g heißer Butter anschwitzen. Rotwein und Kalbsbrühe zugießen und die Flüssigkeit auf 100 ml einkochen lassen. Die Sauce aufkochen lassen, die Hitze stark verringern und die Butterstücke nach und nach mit dem Schneebesen einarbeiten, bis die Sauce bindet. Dann salzen und pfeffern.
Zum Servieren die Hirschschnitzel auf Tellern anrichten, mit der Sauce beträufeln und die Pflaumen hinzufügen. Mit Kräutern oder Salatblättern garnieren.

LAMMSCHULTER MIT ROTEN ZWIEBELN, INGWER UND FRISCHER MINZE

1,2 kg Lammschulter mit Knochen
Salz, fein gemahlener schwarzer Pfeffer
500 g rote Zwiebeln
2 EL Öl
3 TL Butter
1 EL grob gemahlener schwarzer Pfeffer
1 EL geriebener frischer Ingwer
2 EL Aceto Balsamico
1/8 l trockener Rotwein
1/4 l Fleischbrühe
1 EL fein zerkleinerte frische Minze
2 EL Kapern
frische Minzeblätter zum Garnieren

Zu diesem pikant-aromatischen Braten reiche ich am liebsten Salzkartoffeln.

Die Lammschulter waschen, trockentupfen und mit Salz und fein gemahlenem Pfeffer einreiben. Die Zwiebeln schälen, halbieren und in schmale Streifen schneiden. Den Backofen auf 150 °C vorheizen.
Das Öl und die Butter in einem Bräter auf dem Herd erhitzen und die Lammschulter rundum anbraten. Das Fleisch herausnehmen und die Zwiebeln im Bratfett andünsten. Den grob gemahlenen Pfeffer und den Ingwer zugeben. Mit Aceto Balsamico ablöschen. Den Rotwein zugießen und das Ganze kurz aufkochen lassen. Die Lammschulter in den Bräter geben und zugedeckt im vorgeheizten Backofen knapp 2 Stunden garen, bis das Fleisch weich ist; dabei immer wieder mit Fleischbrühe begießen.
Das Fleisch herausnehmen und warm stellen. Die zerkleinerte Minze und die Kapern unter die Zwiebeln mischen. Falls nötig, den Bratsud noch etwas einkochen lassen.
Zum Servieren das Lammfleisch in Scheiben vom Knochen schneiden und auf dem Zwiebelragout anrichten. Mit Minzeblättern garnieren.

STRAUSS-MEDAILLONS AUF INGWERREIS MIT KOKOSSAUCE

INGWERREIS:
80 g frischer Ingwer
4 Tassen Reis
Salz, Butter

STRAUSS-MEDAILLONS UND KOKOSSAUCE:
600 g Straußensteaks
Salz, schwarzer Pfeffer aus der Mühle
Olivenöl
3 Zwiebeln
200 ml Sahne
200 g Mayonnaise
3 Dosen Kokosnussstücke
gemahlener Zimt
Currypulver
4 Broccoliröschen
12 Babymöhren

Straußenfleisch ist unerwartet zart, verfügt über extrem wenig Fett und Cholesterin und bietet dafür viel Protein. Ein Genuss, der auch den verwöhnten Gaumen erfreut.

Für den Ingwerreis die Hälfte des Ingwers fein würfeln. Den Reis mit den Ingwerwürfeln in 6 Tassen kochendes Salzwasser geben, dann bei schwächster Hitze und geschlossenem Deckel etwa 20 Minuten garen (der Reis sollte die Flüssigkeit aufgesogen haben und körnig-weich sein). Den restlichen Ingwer fein reiben und mit 2 Esslöffeln Butter gut verkneten. Die Ingwerbutter in einer Pfanne zerlassen und darin den Reis gründlich schwenken. Den Reis in gefettete kleine Formen geben und ganz leicht andrücken. Warm halten.
Die Straußensteaks in Medaillons schneiden, mit Salz und Pfeffer würzen und von beiden Seiten in etwas heißem Olivenöl auf jeder Seite 3 bis 5 Minuten weich braten.
Für die kalte Sauce die Zwiebeln sehr fein würfeln und mit der Sahne, der Mayonnaise, und den Kokosnussstücken vermengen. Mit Salz, Zimt und Curry abschmecken.
Die Broccoliröschen mit den Möhren in Salzwasser bissfest blanchieren.
Zum Servieren den Reis aus den Förmchen auf flache Teller stürzen, die Strauß-Medaillons und etwas Sauce hinzufügen. Mit den Möhren und Broccoliröschen garnieren.

TIPPS: Das Fleisch zum Kurzbraten stammt aus der muskulösen Oberkeule des Straußes. Die Garzeit hängt zum Teil von der Qualität des Fleisches ab, aber auch von dem gekauften Fleischstück. Am besten verlangt man ausdrücklich »Fleisch zum Kurzbraten«.

GEGRILLTE INGWER-LAMMKOTELETTS

MIT FRISCHEM THYMIAN

12 Lammkoteletts
schwarzer Pfeffer
aus der Mühle
3 EL Olivenöl
50 g geriebener frischer Ingwer
1/2 TL Cayennepfeffer
2 TL Paprikapulver
1 EL fein zerkleinerter frischer
Thymian

Die Lammkoteletts mit Pfeffer einreiben. Olivenöl, Ingwer, Cayennepfeffer, Paprikapulver und Thymian zu einer Marinade verrühren.
Die Lammkoteletts auf beiden Seiten mit der Marinade gleichmäßig bestreichen und mit einer Folie bedeckt 3 Stunden im Kühlschrank ruhen lassen.
Die Koteletts auf dem Holzkohlengrill bei kräftiger Glut etwa 3 Minuten auf jeder Seite grillen. Dann das Grillgitter (um die Hitzezufuhr zu verringern) höher stellen und die Koteletts fertig garen.

TIPP: Gut dazu passen Blattsalate und frisches Brot.

DESSERTS

DESSERTS

DESSERTS

INGWER-PLÄTZCHEN

200 g Butter
300 g Zucker
1 Ei
300 ml Melasse (Zuckersirup)
500 g Mehl
2 TL Backsoda
1 TL Zimt
1 TL Ingwerpulver
1/2 TL Nelkenpulver
1/2 TL Salz
Butter zum Einfetten

Die Butter zerlassen, abkühlen lassen und in eine Schüssel geben. 250 g des Zuckers, das Ei sowie die Melasse zugeben und das Ganze 3 Minuten kräftig rühren.
Das Mehl in eine separate Schüssel sieben, Backsoda, Zimt, Ingwer- und Nelkenpulver sowie das Salz hinzufügen und alles gut vermengen. Diese Mischung Zug um Zug in die Zucker-Melasse-Mixtur gründlich einarbeiten. Die Schüssel zudecken und etwa 30 Minuten in den Kühlschrank stellen.
Den Backofen auf 190 °C vorheizen und 2 große Backbleche mit Butter einfetten. Den restlichen Zucker auf einen flachen Teller geben. Mit einem Esslöffel kleine Portionen von dem gekühlten Teig abstechen und zu Plätzchen formen. Die Plätzchen in Zucker wenden und mit etwas Abstand auf ein Backblech setzen.
Die Plätzchen im vorgeheizten Ofen backen: etwa 8 Minuten, wenn die Plätzchen eher mürbe sein sollen, für knusprigere Plätzchen etwa 10 Minuten. Die Plätzchen auf einem Kuchengitter auskühlen lassen.

BANANEN-INGWER-BROT

700 g Mehl
1 TL Backpulver
1 TL Backsoda
1/2 TL Zimt
100 g Margarine
250 g Zucker
2 Eier
300 g geschälte reife Bananen
1 TL gehackter frischer Ingwer
1 TL abgeriebene unbehandelte Zitronenschale
Fett für Form

Dieses Rezept stammt von Simeon, einem pfälzisch-spanischen Freund, der in Berlin lebt, mit Leidenschaft kocht, aber mit noch größerer Leidenschaft seine eigenen kulinarischen Kreationen verspeist. Zeitweise habe ich mit ihm um die Wette gebacken, um herauszufinden, wer denn nun der begnadetere »Banana-Breadbaker« sei. Die Sache ist bis heute nicht geklärt ...

Mehl, Backpulver, Backsoda und Zimt in einer Schüssel mischen. In einer anderen Schüssel die Margarine mit dem Zucker so lange schlagen, bis die Masse leicht und flockig ist. Nacheinander die Eier unterrühren. Die Bananen zerdrücken und mit dem Ingwer und der Zitronenschale unterheben. Dann die Mehlmischung Zug um Zug einarbeiten und das Ganze zu einem glatten Teig rühren.
Den Teig in eine eingefettete, brotförmige Backform geben und bei 200 °C etwa 45 Minuten backen. Herausnehmen, aus der Form auf ein Kuchengitter stürzen und abkühlen lassen.
Zum Servieren das Bananen-Ingwer-Brot mit einem scharfen Messer in Scheiben schneiden.

CRÈME BRÛLÉE MIT INGWER

1 EL Butter
1 EL gehackter frischer Ingwer
3 EL weißer Zucker
500 ml Sahne
4 Eigelbe
2 EL brauner Zucker

Die gebrannte Creme mit ihrem »Deckel« aus karamellisiertem Zucker ist ein international beliebter Dessertklassiker, den ich schon vielerorts mit Genuss verspeist habe. Um den Ursprung streiten sich Frankreich und Katalonien, wobei die Katalanen die sehr ähnliche Crema catalana seit Jahrhunderten zubereiten. Wie auch immer, mit Ingwer verfeinert erhält dieses traditionelle Rezept ein ganz anderes gewisses Etwas. Die Zuckerschicht, die auf die zuvor abgekühlte Creme unter dem Backofengrill aufgebrannt wird, lässt sich auch mithilfe eines kleinen Gasbrenners herstellen (dazu muss man aber einige Übung haben).
Die Butter in einer Pfanne zerlassen und den fein gehackten Ingwer und 2 Esslöffel weißen Zucker zugeben und unter Rühren etwa 3 Minuten köcheln lassen.
Den Backofen auf 120 °C vorheizen. Die Sahne erhitzen. Die Eigelbe in einer Schüssel mit dem restlichen weißen Zucker schaumig rühren. Die Butter-Ingwer-Mischung unterziehen. Die heiße Sahne zugießen und das Ganze gut mischen.
Die Creme in kalt ausgespülte, ofenfeste Förmchen geben und diese in ein Wasserbad stellen (das Wasser sollte maximal bis zur halben Höhe der Förmchen reichen). Die Creme im vorgeheizten Backofen etwa 45 Minuten pochieren. Zum Schluss den braunen Zucker auf die Creme streuen und bei starker Oberhitze bräunen.

TIPP: Das Bräunen des Zuckers dauert nur ganz kurze Zeit, deshalb sollte man am Herd stehen bleiben und aufpassen, sonst wird die Zuckerschicht zu dunkel oder gar rabenschwarz, was den Geschmack dieser leckeren Süßspeise ziemlich verdirbt.

ORANGEN-INGWER-SOUFFLÉ

50 g zimmerwarme Butter
50 g Mehl
200 ml Milch
Butter und Zucker für die Förmchen
7 EL frisch gepressten Orangensaft
abgeriebene Schale von 1/4 unbehandelte Orange
2 EL sehr fein gehackter frischer Ingwer
5 Eier
100 g Kristallzucker
Puderzucker

Die Butter und das Mehl verkneten. Die Milch in einem Topf aufkochen und darin die Mehlbutter unter Rühren auflösen und so lange köcheln lassen, bis eine glatte Masse entstanden ist.

Den Backofen auf 200 °C vorheizen. Soufflèförmchen mit etwas geschmolzener Butter ausstreichen und mit Zucker ausstreuen.

Den Orangensaft, die Orangenschale und den Ingwer unter die Milch-Mehlbutter-Mischung rühren. Die Masse in eine Schüssel füllen und etwas abkühlen lassen. Dann 1 Eiweiß und alle Eigelbe einrühren. Die restlichen Eiweiße mit dem Kristallzucker zu Schnee schlagen und vorsichtig unter die Soufflémasse heben.

Die Soufflémasse in die Förmchen füllen und diese in eine ofenfeste Form mit heißem Wasser stellen, sodass die Förmchen bis zu ihrer halben Höhe im Wasser stehen. Die Soufflés im vorgeheizten Backofen 30 Minuten backen. Herausnehmen und sofort mit Puderzucker bestreuen. Die Soufflés am besten warm servieren.

KÜRBIS-CHEESE-CAKE MIT INGWERSCHNAPS

200 ml Ingwerschnaps (siehe Rezept Seite 186)
120 g gehackte Pekannüsse
120 g brauner Zucker
50 g zerlassene Butter
300 g Frischkäse
4 Eier
250 g weißer Zucker
1 TL Zimt
1 TL frisch geriebene Muskatnuss
1 TL Salz
300 g püriertes Kürbisfleisch
80 g fein gehackter kandierter Ingwer

Den Ingwerschnaps, die Pekannüsse und den braunen Zucker in einer großen Schüssel mischen. Die Butter darüber träufeln und die Schüssel so lange schütteln, bis die Krümel aneinander hängen bleiben. Die Krümel auf den Boden und die Seiten einer runden Backform flächendeckend andrücken. Beiseite stellen. Den Backofen auf 200 °C vorheizen. Den Frischkäse mit dem Handrührgerät cremig rühren. Die Eier nacheinander einrühren. Den weißen Zucker hinzufügen und glatt rühren. Zimt, Muskatnuss, Salz, Kürbisfleisch und Ingwer hinzufügen und das Ganze zu einem glatten Teig rühren.
Den Teig in die vorbereitete Backform füllen und diese auf die mittlere Schiene des Backofens setzen. Den Kuchen im vorgeheizten Ofen 50 Minuten backen. Herausnehmen und 1 bis 2 Stunden auskühlen lassen.

TIPP: Machen Sie sich keine Sorge, wenn der Kuchen zunächst sehr weich erscheint, nach dem Auskühlen ist er so fest, dass Sie ihn leicht in Stücke schneiden können.

GEEISTE INGWER-

MIT ORANGEN-KARAMELL

2 Eier
50 g weißer Zucker
Saft und abgeriebene Schale von 2 unbehandelten Limetten
1 EL geriebener frischer Ingwer
300 ml Sahne
100 g geriebene Walnüsse
3 unbehandelte Orangen
60 g Butter
3 EL brauner Zucker
75 ml frisch gepresster Orangensaft
halbierte Walnüsse
Melisseblätter

Die Eier trennen. Das Eiweiß kurz beiseite stellen. Die Eigelbe schaumig verquirlen und langsam den weißen Zucker unterrühren, bis eine dickliche weiße Creme entsteht und sich der Zucker vollständig aufgelöst hat. Limonensaft und -schale sowie den Ingwer unterrühren. Die Sahne mit ein wenig der Eimasse cremig rühren und vorsichtig unter die Eimasse ziehen. Das Eiweiß steif schlagen und vorsichtig unterziehen, sodass eine luftig-lockere Mousse entsteht.

Eine Kastenform mit Alufolie auslegen. Die Hälfte der geriebenen Walnüsse auf dem Boden der Form verteilen. Die Mousse darauf geben und die restlichen Nüsse darüber streuen. Die Form über Nacht ins Gefriergerät stellen.

Die Orangen schälen und in breite Scheiben schneiden. Die Butter in einer Pfanne zerlassen und den braunen Zucker hinzufügen. Rühren, bis der Zucker geschmolzen ist. Mit dem Orangensaft ablöschen und weiterrühren, bis die Masse beginnt zu karamellisieren. Vom Herd nehmen und die Orangenscheiben in den warmen Karamell legen und ein paar Mal wenden.

Die Mousse etwa 30 Minuten vor dem Servieren aus dem Gefriergerät nehmen, stürzen und die Folie abziehen.

Zum Servieren die Mousse in Scheiben schneiden. Die Orangenscheiben auf einem Spiegel von Karamell fächerförmig anrichten und je 1 Scheibe Mousse hinzufügen. Mit Walnüssen und Melisse garnieren.

LIMETTEN-MOUSSE

BAYERISCHE CREME

MIT INGWER UND BIRNEN

1/8 l Milch
Mark von 1/2 Vanilleschote
2 Eigelbe
50 g Zucker
3 reife Williamsbirnen
50 g frischer Ingwer
1 Zimtstange
2 Gewürznelken
100 ml Weißwein
4 Blätter Gelatine, in kaltes Wasser eingeweicht
1 kleines Glas Williamsschnaps
250 ml Sahne
Schokoraspel, Schokosauce, frische Früchte, Minzeblätter zum Garnieren

Die Milch mit dem Vanillemark kurz aufkochen lassen. Vom Herd nehmen und etwas ziehen lassen.
Inzwischen die Eigelbe mit dem Zucker in einer Schüssel schaumig rühren. Die Schüssel in einen Topf mit warmem Wasser stellen, um die Creme unter Rühren langsam zu erwärmen. Dann die heiße Vanillemilch (nicht kochende!) durch ein Sieb in die Ei-Zucker-Masse rühren. Mit dem Rührbesen so lange schlagen, bis eine dickere Creme entsteht.
Die Birnen schälen, entkernen und in feine Würfel schneiden. Den Ingwer schälen und fein hacken. Birnen, Ingwer, Zimtstange, Gewürznelken und Wein in einem Topf zu einem Kompott einkochen. Zimtstange und Nelken entfernen. Die ausgedrückte Gelatine und den Williamsschnaps in das Kompott geben und so lange rühren, bis die Gelatine aufgelöst ist.
Die Sahne sehr steif schlagen. Das noch warme Birnenkompott zu der Eiercreme geben und das Ganze kalt schlagen (die Schüssel auf Eiswürfel oder in eine Schüssel mit eiskaltem Wasser stellen). Sobald die Creme zu gelieren beginnt (nicht zu lange warten, sonst gibt es Klümpchen), ein Drittel der Sahne unterrühren. Die restliche Sahne vorsichtig unterheben und nur ganz leicht verrühren.
Kleine Auflauf- oder Souffléformen mit Frischhaltefolie ausschlagen und die Crememasse einfüllen. Über Nacht in den Kühlschrank stellen.
Zum Servieren die Creme auf Teller stürzen und die Folie abziehen. Die Creme mit Schokoraspeln bestreuen. Zum Garnieren Schokosauce, frische Früchte und Minzeblätter rund um die Creme arrangieren.

Würziger Ingwerkuchen

1/2 l Melasse (Zuckersirup)
250 g Butter
75 ml stark gebrauter Kaffee
Butter zum Einfetten
1 kg Mehl
1 Prise Salz
1 TL Backsoda
2 TL Zimt
2 TL klein gehackter frischer Ingwer
1 TL frisch geriebene Muskatnuss
1/2 TL Pimentpulver (Allspice)
1/2 TL Nelkenpulver
4 mittelgroße Äpfel (Granny Smith)
120 g brauner Zucker
2 große Eier
500 ml Sahne
120 g Zartbitter-Schokoraspeln

Sirup, Butter und Kaffee in einen Topf geben und bei mittlerer Hitze unter gelegentlichem Rühren zum Kochen bringen. Vom Herd nehmen, in eine große Schüssel gießen und auf lauwarme Temperatur abkühlen lassen.
Den Backofen auf 180 °C vorheizen. Ein Backblech gut mit Butter einfetten.
Das Mehl in eine separate Schüssel sieben, Salz, Backsoda, Zimt, Ingwer, Muskat sowie Piment- und Nelkenpulver untermischen.
Die Äpfel schälen, entkernen und in schmale Schnitze schneiden. Das Backblech mit den Apfelschnitzen belegen und den braunen Zucker darüber streuen.
Die Eier mit dem Schneebesen in die Sirup-Kaffee-Mischung einrühren, dann die Mehl-Gewürz-Mischung zugeben und alles schnell, aber gründlich verrühren. Die Sahne einrühren und die Schokoraspeln unterziehen. Den Teig über die Apfelstücke gießen.
Das Backblech auf die mittlere Schiene des vorgeheizten Ofens schieben und den Kuchen etwa 55 Minuten backen. Garprobe machen: Wenn an einem eingestochenen Messer oder Holzstäbchen nichts haften bleibt, ist der Kuchen fertig.
Das Backblech auf ein Gitter stellen und abkühlen lassen.
Zum Servieren die Kuchenstücke auf dem Backblech schneiden und dann jeweils umstülpen, sodass die Äpfel an der Oberseite liegen.

JNGWER

KANDIERTER INGWER

500 g frischer Ingwer
3 Tassen Zucker
1 unbehandelte Zitrone
1 Tasse Ahornsirup
grober Zucker

Um Ingwer zu kandieren braucht man mehrere Tage, genauer gesagt: fast fünf Tage. Das Ergebnis ist aber umso überzeugender! Als Ingwer-Liebhaber muss man das Kandieren einfach mal selber ausprobieren.

TAG 1: Den Ingwer schälen, in 2 bis 3 mm dicke Scheiben schneiden und in einen großen Topf geben. So viel Wasser zugießen, bis der Ingwer bedeckt ist. Das Ganze langsam zum Kochen bringen. Die Hitze verringern, den Topfdeckel auflegen und den Ingwer etwa 20 Minuten köcheln lassen, bis er gar ist. Dann 1 Tasse Zucker einrühren und die Mischung aufkochen lassen. Den Topf vom Herd nehmen, zudecken und bei Zimmertemperatur über Nacht stehen lassen (nicht in den Kühlschrank oder auf den Balkon stellen).

TAG 2: Den Deckel vom Topf nehmen. Den Ingwer langsam zum Kochen bringen und bei verringerter Hitze 15 Minuten köcheln lassen. Die Zitrone in Scheiben schneiden und mit dem Ahornsirup hinzufügen. Das Ganze unter gelegentlichem Rühren weitere 15 Minuten köcheln lassen. Vom Herd nehmen und wiederum zugedeckt über Nacht stehen lassen.

TAG 3: Den Topfdeckel abnehmen. Den Ingwer unter gelegentlichem Rühren zum Kochen bringen. Dann die zweite Tasse Zucker zugeben und alles bei verringerter Hitze unter häufigem Rühren 30 Minuten köcheln lassen. Den restlichen Zucker hinzufügen. Kurz aufkochen lassen. Vom Herd nehmen und wiederum zugedeckt über Nacht stehen lassen.

TAG 4: Den Ingwer im offenen Topf langsam zum Kochen bringen. Die Hitze verringern. Das Ganze etwa 45 Minuten ganz leicht köcheln lassen, bis der Ingwer durchscheinend wird und der Sud sirupartig eingekocht ist. Den Sud abgießen und die Zitronenscheiben entfernen. Die Ingwerscheiben auf Backpapier ausbreiten und über Nacht trocknen lassen (nicht zudecken).

TAG 5: Den getrockneten Ingwer in grobem Zucker wälzen und zum Aufbewahren in luftdicht verschließbare Glasgefäße füllen.

INGWER-MARZIPAN-KONFEKT

50 g frischer Ingwer
150 g Marzipan (Rohmasse)
100 g fein gehackte Pekannüsse oder Walnüsse
50 g Butter
2-3 TL Orangenlikör
100 g Zartbitter-Schokolade
100 g Kuvertüre

Den Ingwer schälen und fein reiben. Ingwer, Marzipan, Pekannüsse, Butter und Orangenlikör in einer Schüssel verkneten. Die Schokolade im Wasserbad schmelzen, dann ebenfalls mit der Masse gut verkneten.
Die Masse etwa 1 cm dick ausrollen und in Würfel schneiden. Die Kuvertüre im Wasserbad schmelzen, in einen kleinen Spritzbeutel geben und das Konfekt mit der Kuvertüre hübsch verzieren.

APRIKOSEN-INGWER-KONFEKT

MIT ORANGENLIKÖR

100 g Rosinen
250 g getrocknete Aprikosen
1/4 l Ahornsirup
300 g Mandeln
2 EL Orangenlikör
2 TL abgeriebene unbehandelte Orangenschale
2 EL gewürfelter frischer Ingwer
2–3 EL fein gehackte Mandelblätter oder Kürbisgranulat
Mandelstifte oder fein gehackte Pistazienkerne

Die Rosinen und Aprikosen unter Rühren im Ahornsirup aufkochen und abkühlen lassen. 200 g der Mandeln mahlen und die restlichen mit heißem Wasser überbrühen, häuten und fein hacken. Die Rosinen-Aprikosen-Mischung durch den Fleischwolf drehen (oder im Mixer pürieren). Das Püree mit dem Orangenlikör, der Orangenschale, den Mandeln (gemahlen und gehackt) und dem Ingwer verkneten und einige Stunden kalt stellen.
Aus der gekühlten Masse kleine Kugeln formen und diese in den Mandelblättchen wälzen. Mit Mandelstiften verzieren.

Apfel-Ingwer-Kuchen mit Zitronenguss

4 Eier
150 g Zucker
Salz
1 Apfel
100 g Butter
200 g gemahlene Haselnüsse
100 g Mehl
1 Päckchen Backpulver
1 Prise Ingwerpulver
abgeriebene Schale von 1 unbehandelten Zitrone
250 g Puderzucker
5 EL Zitronensaft
100 g kandierter Ingwer (siehe Rezept Seite 147)

Die Eier trennen. Die Eigelbe beiseite stellen. Das Eiweiß steif schlagen. Nach und nach den Zucker und 1 Prise Salz zugeben.
Die Masse so lange schlagen, bis sich der Zucker vollkommen aufgelöst hat.
Den Backofen auf 170 °C vorheizen. Ein Backblech mit Backpapier auslegen.
Den Apfel mit der Schale raspeln. Die Butter zerlassen. Die Eigelbe ganz vorsichtig unter die Eischnee-Masse ziehen. Haselnüsse, Mehl, Backpulver, Ingwerpulver und Zitronenschale in einer separaten Schüssel mischen, dann unter die Eischnee-Masse heben. Die Apfelraspeln unter den Teig ziehen. 2 Esslöffel des Teigs mit der zerlassenen Butter verrühren und vorsichtig in die Teigmasse einrühren. Den Teig auf dem Backblech gleichmäßig verteilen.
Den Kuchen im vorgeheizten Ofen etwa 45 Minuten backen. Herausnehmen und abkühlen lassen.
Für die Glasur den Puderzucker mit dem Zitronensaft glatt rühren. Den Kuchen mit der Glasur bestreichen. Den kandierten Ingwer fein würfeln und gleichmäßig verteilt in den Guss drücken.

PFLAUMEN-KUCHEN MIT INGWER

1 Lage Blätterteig (TK oder Kühlregal)
180 g gemahlene Mandeln
1 kg Pflaumen
3 TL frischer Ingwer, in Scheiben
Zucker, Zimt
50 g Butter
2 Päckchen Vanillezucker
75 ml Sahne (25% Fett)

Hier haben wir es nochmals mit einer schweizerischen »Wähe« zu tun. Und das Rezept untermauert meine Vorliebe für fruchtige Kompositionen, mit denen der Ingwer besonders gut harmoniert. Dies trifft neben Orangen mit Ingwer, Apfel mit Ingwer, Zitrone mit Ingwer auch auf Pflaumen mit Ingwer zu. Sehr lecker!

Den Blätterteig auf einem runden Backblech ausrollen und mit einer Gabel viele Löcher in den Teigboden stechen. Den Teigboden mit den Mandeln gleichmäßig bestreuen.
Die Pflaumen waschen, entkernen, halbieren und auf die Mandeln setzen (wie Dachziegel anordnen). Den in feine Scheiben geschnittenen Ingwer zwischen den Pflaumen verteilen. Über das Ganze etwas Zucker und Zimt streuen. Den Kuchen bei 200 °C 30 Minuten backen.
Die Butter in einer Pfanne zerlassen und mit dem Vanillezucker, etwas Zimt und der Sahne erhitzen, bis alles geschmolzen ist. Den Kuchen aus dem Backofen nehmen, die Butter-Vanillezucker-Sauce darüber geben und weitere 15 Minuten backen.

INGWER-JOGHURT

750 g Honigmelonen
250 g Erdbeeren, halbiert
1 mittelgroße Ingwerknolle geschält und fein geraspelt
300 g fettarmer Naturjoghurt
5 EL klarer, flüssiger Honig
1 Zweig frische Minze

Die Melone schälen, entkernen und in kleine Stücke schneiden. Melone und Erdbeeren auf vier Gläser (zum Beispiel Eispokale) verteilen.
Den Ingwer mit dem Joghurt und 3 Esslöffeln Honig mischen.
Die Mixtur über die Früchte geben. Den restlichen Honig über die vier Portionen geben.
Mit Minzeblättern garnieren.

FRÜCHTE-

SAHNIGE KALTE PFIRSICH-INGWER-SUPPE

1,5 kg Pfirsiche
1 TL gehackter frischer Ingwer
300 ml Sahne
3 TL Rum

MIT RUM

Die Pfirsiche schälen, entkernen, zerkleinern und in eine Schüssel geben. Den Ingwer zu den Fruchtstücken geben und das Ganze mit dem Stabmixer pürieren. Die Sahne und den Rum zugeben. Die Suppe 1 bis 2 Stunden in den Kühlschrank stellen. Kalt servieren.

ERFRISCHENDES RHABARBER-INGWER-SORBET

500 g Rhabarber
75 ml trockener Weißwein
100 g Zucker
1 Limette
3 TL geriebener frischer Ingwer
100 ml Mineralwasser

Den Rhabarber putzen, in Stücke schneiden, in einen Topf geben und mit dem Weißwein und Zucker etwa 6 Minuten dünsten. Anschließend pürieren.
Etwas Schale von der Limette abreiben. Die Limette auspressen und beides zusammen mit dem Ingwer und dem Mineralwasser unter das Rhabarberpüree rühren.
Die Sorbetmasse in eine Metallschüssel geben und etwa 2 Stunden ins Gefrierfach stellen, dabei alle 30 Minuten umrühren, damit das Sorbet schön cremig wird.
Zum Servieren das Rhabarber-Ingwer-Sorbet in gekühlte Gläser geben.

ERDBEER-

QUARK MIT HONIG, INGWER UND ZIMT

- 400 g Erdbeeren
- 300 g Magerquark
- 4 EL Honig
- 4 EL ungezuckerter Apfelsaft
- Ingwerpulver
- Zimt
- 2 EL Cointreau
- 400 ml Sahne

Die Erdbeeren waschen, putzen und halbieren. Die Hälfte der Früchte klein würfeln und mit dem Quark, Honig und Apfelsaft mischen. Mit Ingwer- und Zimtpulver abschmecken. Die Quarkmasse in Dessertschalen füllen und mit den restlichen Erdbeeren garnieren. Mit Cointreau beträufeln. Die Sahne steif schlagen und obenauf setzen (am besten mithilfe eines Spritzbeutels).

VANILLE-EIS

MIT MANGO-INGWER-SAUCE

4 reife Mangos
Saft von 2 Limetten
3 TL geraspelter frischer Ingwer
4 Portionen Vanilleeis
Pfeffer
frische Zitronenmelisse (Menge nach Belieben)

Die Mangos schälen, entkernen und das Fruchtfleisch in kleine Würfel schneiden. Limettensaft, Ingwer und etwa die Hälfte der Mangowürfel in einen Topf geben und anwärmen. Sobald die Mangostückchen etwas weicher sind, das Ganze mit dem Stabmixer pürieren und mit Pfeffer abschmecken. Etwas Zitronenmelisse zugeben und umrühren. Das Vanilleeis in Dessertschalen geben und das warme Mus darüber gießen. Die restlichen Mangowürfel darauf verteilen.

SHERRY-INGWER ÄPFEL MIT GRÜNEM PFEFFER

1/4 l trockener Sherry
50 g Honig
2 Zimtstangen
2 TL frischer Ingwer, in feinen Scheiben
750 g mürb-säuerliche Äpfel
1/2 EL eingelegter grüner Pfeffer

Diese Köstlichkeit serviere ich meist als pikante Beilage zu gebratenem Geflügel wie Enten- oder Gänsebraten, aber hin und wieder auch ganz einfach als fruchtiges Dessert. Gerade Äpfel oder auch Bananen zergehen einem mit Ingwer gewürzt auf der Zunge.

Den Sherry mit dem Honig und den Zimtstangen langsam in einem Topf erhitzen, nicht kochen lassen. Zu dem Sherry geben. Die Mischung fast bis zum Siedepunkt erhitzen. Die Kerngehäuse der Äpfel herausstechen, die Früchte schälen und vierteln (große Äpfel achteln). Die Apfelstücke mit dem grünen Pfeffer in den Sherrysud geben und etwa 5 Minuten ziehen lassen, aber nicht kochen lassen. Bei Zimmertemperatur abkühlen lassen, dann in den kältesten Bereich des Kühlschranks stellen.

ORANGEN-

INGWER-
KONFITÜRE

2 kg Orangen
100 g frischer Ingwer
1 kg Zucker
1 Päckchen Geliermittel

Die Orangen schälen, dabei auch die weiße Haut sorgfältig entfernen. Das Fruchtfleisch klein schneiden und die Kerne entfernen. Den Ingwer schälen, fein reiben und mit den Orangen in einen großen Topf geben. 2 Esslöffel des Zuckers mit dem Geliermittel mischen und unter den Orangen-Ingwerbrei geben. Die Masse unter Rühren zum Kochen bringen. Den Topf vom Herd nehmen und die Masse mit dem Pürierstab mixen. Dann den restlichen Zucker einrühren und alles erneut zum Kochen bringen. Die Konfitüre genau 1 Minute sprudelnd kochen lassen und sofort in die vorbereiteten Gläser einfüllen.
Die Gläser mit Einmachfolie verschließen. Diese Folie lässt die Konfitüre besser gelieren, da noch etwas Feuchtigkeit verdunsten kann.

HEFETEIG-INGWER-SCHNECKEN

500 g Mehl
25 g frische Hefe
80 g Zucker
80 g Margarine
1 TL Salz
abgeriebene Schale von 1/2 unbehandelten Zitrone
1/4 l Milch
250 g gehackter kandierter Ingwer
Fett für die Förmchen
200 g Puderzucker
4 Tropfen Vanillearoma

Meine Großmutter war eine brillante Köchin und hat mir ein noch in Altdeutsch handgeschriebenes Kochbuch vererbt, in dem ich irgendwann auf das Rezept von den Hefeteig-Ingwer-Schnecken stieß. Wie für andere Backspezialitäten eignet sich hier kandierter Ingwer, da er etwas milder als frischer oder getrockneter Ingwer schmeckt.

Zwei Drittel des Mehls in eine hohe Schüssel geben und die Hefe hineinbröckeln. Zucker, Margarine, Salz und Zitronenschale hinzufügen. Das Ganze mit dem Knethaken des Rührgerätes auf niedriger Stufe durchrühren, etwas Milch zugeben und auf höchster Stufe weiterarbeiten. Das restliche Mehl und so viel Milch zugeben, dass der Teig nicht zu fest und nicht zu flüssig wird. Kräftig durchkneten, bis sich der Teig von der Schüsselwand löst. Den Teig in etwa 30 g schwere Stücke teilen, diese zu Kugeln rollen und etwa 20 Minuten abgedeckt gehen lassen.
Die Teigkugeln zu 20 cm langen Rollen verarbeiten, etwas flach drücken und mit Ingwer belegen. Die Rollen der Länge nach so schließen, dass der Ingwer darin verschwindet. Dann die Teigrollen zu Schnecken aufwickeln und in gefettete Förmchen setzen. Die Schnecken kurz gehen lassen, dann etwa 25 Minuten bei 200 °C backen. Herausnehmen und etwas abkühlen lassen.
Für die Glasur den Puderzucker mit 3 Esslöffeln Wasser und dem Vanillearoma gut verrühren und damit die Hefeteig-Ingwer-Schnecken überziehen.

INGWER-DREIECKE

MIT KIRSCHWASSER

- 200 g Mehl
- 75 g Zucker
- 2 Eigelbe
- 1 TL Zimt
- 125 g Butter
- 40 g kandierter Ingwer (siehe Rezept Seite 147)
- 1 EL kandierte rote Kirschen
- 75 g gemahlene Mandeln
- 3 EL Kirschwasser
- 2 EL Honig
- Mehl für die Arbeitsfläche
- 1 Ei
- 50 g halbbittere Kuvertüre
- 100 g dunkle Kuchenglasur

Für den Teig das Mehl auf die Arbeitsfläche sieben und eine Mulde in die Mitte drücken. Zucker, Eigelbe und Zimt in die Mulde geben und die Butter in Flöckchen auf dem Rand verteilen. Die Zutaten rasch zu einem glatten Teig verarbeiten. Den Teig in Klarsichtfolie wickeln und 1 Stunde in den Kühlschrank legen.

Inzwischen für die Füllung Ingwer und Kirschen hacken und mit den Mandeln, dem Kirschwasser und dem Honig vermengen.

Den Backofen auf 200 °C (Unterhitze) vorheizen. Ein Backblech mit Backpapier auslegen (wenn vorhanden, gleich 2 oder 3 Bleche vorbereiten).

Den gekühlten Teig kurz durchkneten und auf der dünn bemehlten Arbeitsfläche 5 mm dick ausrollen. Mit einem runden Ausstechförmchen (oder einem Glas) kleine Teigscheiben ausstechen und diese auf das Backblech legen. Die Füllung in einen Spritzbeutel geben und jeweils ein haselnussgroßes Häufchen mit einem Teelöffel in die Mitte jeder Teigscheibe geben.

Das Ei trennen. Das Eigelb leicht verquirlen. Nun bei jeder Teigscheibe so verfahren: Den Rand mit Eiweiß bestreichen und so mit den Fingern hochklappen, dass ein Dreieck entsteht. Dessen Ränder leicht auf die Füllung drücken und mit etwas Eigelb bestreichen.

Die Plätzchen im vorgeheizten Ofen 12 bis 15 Minuten backen.

Die Plätzchen auf einem Kuchengitter auskühlen lassen.

Kuvertüre und Kuchenglasur zerkleinern und zusammen im warmen Wasserbad schmelzen und gut durchrühren. Die Plätzchenecken eintauchen. Auf einem Gitter abtropfen und fest werden lassen. (Ergibt etwa 60 Stück, wenn man ein handelsübliches Ausstechförmchen verwendet.)

INGWER-MANDEL-STERNE

200 g Mehl
100 g gemahlene Mandeln
50 g brauner Zucker
1 Ei
150 g Margarine
100 g in Sirup eingelegter Ingwer (Fertigprodukt)
Mehl für die Arbeitsfläche
100 g Kuchenglasur

Mehl, Mandeln, Zucker, Ei und Margarine zu einem glatten Teig verkneten. Den Ingwer abtropfen lassen, würfeln und unter den Teig kneten. Den Teig in Klarsichtfolie einwickeln und 2 Stunden kalt stellen.

Den Backofen auf 180 °C vorheizen. Zwei Backbleche mit Backpapier auslegen.

Den Teig auf einer bemehlten Arbeitsfläche etwa 5 mm dick ausrollen. Mit einem Ausstechförmchen Sterne ausstechen und diese auf ein Blech setzen. Die Plätzchen im vorgeheizten Ofen 12 bis 15 Minuten backen. Die Plätzchen auf einem Kuchengitter abkühlen lassen.

Die Kuchenglasur im warmen Wasserbad schmelzen und die Ingwer-Mandel-Sterne damit verzieren. (Die Teigmenge ergibt etwa 30 Sternplätzchen).

INGWER-SPEKULATIUS

200 g Butter
300 g Rohrzucker
(brauner Zucker)
1 Ei
2-3 TL fein gehackter
frischer Ingwer
1 TL Backsoda
500 g Mehl

Diese köstlichen Plätzchen sind schnell gebacken. Sie eignen sich nicht nur als Dessert, sondern auch als Nascherei für zwischendurch.

Die Butter mit dem Zucker vermengen. Das Ei und den Ingwer hinzufügen. Mehl und Backsoda zugeben und das Ganze zu einem glatten Teig rühren. Den Teig im Kühlschrank fest werden lassen.
Ein Backblech mit Backpapier auslegen. Den Teig etwa 4 mm dick ausrollen und in beliebige Formen ausstechen oder schneiden und mit etwas Abstand auf das Blech setzen. Die Plätzchen bei 180 °C etwa 15 Minuten backen. Auf einem Küchengitter abkühlen lassen.

INGWER-FEIGEN MIT HONIG

8 frische Feigen
2 TL Butter
2 TL gewürfelter frischer Ingwer
2 TL Honig
2 EL Zitronensaft
Minzeblätter

Die Feigen waschen und trocknen, Stiel und Blütenansatz wegschneiden und die Früchte vierteln. Die Butter in einem Topf aufschäumen lassen. Ingwer, Honig und 1 Esslöffel Zitronensaft zugeben. Die Feigen hinzufügen und in dem Sud wenden, dann mit der Schalenseite nach unten etwa 5 Minuten garen. Wenn sich die Feigen langsam in der Mitte öffnen, die Früchte mit einem Löffel vorsichtig aus dem Topf heben und auf die Servierteller verteilen.
Für die Fruchtsauce den Sud so lange einkochen lassen, bis er sirupartig ist. Die Sauce mit dem restlichen Zitronensaft abschmecken und über die Feigen gießen. Mit Minzeblättern garnieren.

TIPP: Dieses Dessert kann auch als Beilage zu einem Fleischgericht gereicht werden.

LITSCHI-INGWER-EIS

200 g reife frische Litschis
1 EL Zitronensaft
2 EL Akazienhonig
1 TL gewürfelter kandierter Ingwer (siehe Rezept Seite 147)
150 ml Milch
200 ml Sahne

Obwohl selbst gemachtes Eis nicht unbedingt zu meinen Stärken zählt, ernte ich mit dieser Kreation eigentlich nur Lob. Diese sommerliche Abkühlung hebt sich vom traditionellen Einerlei des Schokoladen-Erdbeer-Vanille-Eis ab und erfrischt den Gaumen auf ganz besondere Art.

Die Litschis aus der Schale brechen, halbieren und entkernen. Das Fruchtfleisch würfeln, mit Zitronensaft beträufeln und im Mixer pürieren. Den Akazienhonig unterrühren und das Püree kalt stellen.
Die Hälfte des Ingwers mit der Milch aufkochen. Den Topf vom Herd nehmen und das Ganze im Eiswasserbad abkühlen lassen. Hin und wieder umrühren, damit sich keine Haut bildet. Die Ingwermilch durch ein Sieb abgießen. Die aufgefangenen Ingwerwürfel beiseite stellen. Die Milch mit dem Püree mischen. Dann Sahne steif schlagen und unterheben.
Die Masse in einen flachen Gefrierbehälter füllen und im Gefrierfach für 3 bis 4 Stunden fest werden lassen. Hin und wieder mit einer Gabel die äußeren gefrorenen Schichten nach innen rühren. Sobald die Eiscreme beginnt fest zu werden, die Ingwerwürfel unterrühren und das Ganze weitere 2 bis 3 Stunden gefrieren lassen.
Vor dem Servieren das Eis ein paar Minuten im Kühlschrank weich werden lassen.

TIPP: Zum Verfeinern kann man nach 30 Minuten Gefrierzeit dem Eis noch etwas Ingwerlikör hinzufügen.

FRUCHTIGES INGWER-TIRAMISU

250 g Frischkäse (Philadelphia)
60 g Honig
3 TL konzentrierter Ananassaft
1/8 l Mangonektar
1/2 TL Rumaroma
60 g gehackter kandierter Ingwer
60 g gehackte Macadamia-Nüsse
750 g Sandkuchen
125 g Mangoschnitze oder frische Ananasstücke

MIT MACADAMIA-NÜSSEN

Wenn Jérôme, der zweisprachig aufgewachsen ist, von »un bon marriage« spricht, dann meint er meist die Zusammenstellung von Lebensmitteln, die sich besonders gut ergänzen oder manchmal auch ganz unverhofft gut zueinander passen. Letztere Art einer »trefflichen Hochzeit« hat uns auch bei der Ingwer-Mango-Ananas-Kombination überrascht, wobei die edelsten aller Nüsse, die Macadamia, die kulinarische Krone aufsetzen.

Frischkäse, Honig und Ananassaft in einer Schüssel so lange rühren, bis die Mischung leicht und luftig wird. In einer kleinen Schüssel den Mangonektar mit dem Rumaroma mischen. Den Ingwer und die Macadamia-Nüsse fein hacken. Den Sandkuchen in 2 bis 3 cm große Würfel schneiden.
Die Hälfte der Kuchenwürfel in eine große Glasschüssel geben und die Hälfte der Mango-Rum-Mischung darüber träufeln. Dann die Hälfte der Frischkäse-Mischung darüber geben und mit der Hälfte des Ingwers und der Hälfte der Nüsse bestreuen. Vorgang wiederholen und weitere Schicht darüber geben.
Die Schüssel mit Frischhaltefolie abdecken und mindestens 2 Stunden, besser über Nacht, in den Kühlschrank stellen.
Zum Servieren das Ingwer-Tiramisu mit Mangoschnitzen oder Ananasstückchen garnieren.

Glasierte Apfelringe mit Ingwer und Zimt

4 Äpfel
Butter
75 ml trockener Weißwein
1 EL Zitronensaft
1/2 TL fein gehackter frischer Ingwer
1/2 TL gemahlener Zimt
120 g Zucker

Zum Glück können in meinem Freundeskreis nicht nur die Frauen kochen. Mein Busenfreund Peter schlägt sich am heimischen Herd auch recht passabel und seine Apfelringe mit Ingwer und Zimt sind ohne langes Zögern direkt in meinen Rezeptfundus übergegangen. Einfach himmlisch!

Das Kerngehäuse aus den ganzen Äpfeln herausstechen und die Früchte in Ringe schneiden. Etwa 60 g Butter bei mittlerer Hitze in einer Pfanne zerlassen. Die Apfelringe portionsweise auf beiden Seiten goldbraun anbraten. Falls nötig, weitere Butter hinzufügen. Die jeweils gebratenen Ringe auf einen Teller legen.
Alle gebratenen Apfelringe in die Pfanne geben. Wein, Zitronensaft, Ingwer, Zimt und Zucker in einer Schüssel gründlich mischen und über die Apfelringe gießen. Zudecken und das Ganze bei mittlerer Hitze etwa 5 Minuten garen, bis die Äpfel weich und glasiert sind. Warm servieren.

TIPP: Besonders köstlich schmeckt das Dessert mit einem Häubchen steif geschlagener Sahne.

INGWER-TRÜFFEL

150 g schwarze Schokolade (Bitterschokolade; 70 % Kakaoanteil)
150 ml Sahne
50 g Butter
60 g Pralinés aux noisettes
2 EL geriebener frischer Ingwer
2 EL Cognac
Kakaopulver (dunkel, bitter)

Gute Trüffel kommen ohne Sahne, Butter und Alkohol eigentlich nicht aus. Während meist alkoholische Auszüge aus Früchten wie Kirschgeist, Calvados oder Marc de Champagne verwendet werden, ergänzen wir diese feine Spezialität mit Cognac und Ingwer. Vorsicht – unwiderstehlich!

Die Schokolade im Wasserbad flüssig werden lassen. Gleichzeitig in einem anderen Topf die Sahne zum Kochen bringen.
Die Sahne über die flüssige Schokolade gießen. Die Butter zugeben und so lange rühren, bis eine glatte Creme entstanden ist. Pralinés aux noisette, Ingwer und Cognac hinzufügen.
Die Schoko-Masse über Nacht im Kühlschrank abgedeckt ruhen lassen. Am nächsten Tag mithilfe eines Kaffeelöffels aus der Masse kleine Kugeln formen und in Kakaopulver wälzen. Anschließend kalt stellen.

TIPP: Ingwer-Trüffel kann man 3 bis 4 Tage vor Verzehr zubereiten und im Kühlschrank aufbewahren.

INGWER-KATZEN-ZUNGEN

MIT APFEL-WÜRFELN

30 g kandierter Ingwer (siehe Rezept Seite 147)
50 g getrocknete Apfelringe
3 EL Zitronensaft
6 EL Orangensaft
140 g Butter
70 g Puderzucker
abgeriebene Schale von 1 unbehandelten Zitrone
Salz
1 Eigelb
160 g Mehl
50 g gemahlene Mandeln
200 Halbbitter-Kuvertüre

Den Ingwer und die Apfelringe sehr fein würfeln. Den Zitronensaft mit dem Orangensaft zum Kochen bringen und über die Apfelwürfel gießen, dann ziehen lassen.
Für den Teig Butter, Puderzucker, Zitronenschale und 1 Prise Salz in eine Schüssel geben und sehr cremig rühren. Nacheinander Eigelb, Mehl und Mandeln unterrühren.
Die Ingwer- und Apfelwürfel unterheben.
Den Backofen auf 180 °C vorheizen. Ein Backblech mit Backpapier auslegen.
Den Teig mithilfe eines Spritzbeutels mit mittlerer Lochtülle auf das Blech zu kleinen Streifen spritzen, wobei die Enden etwas dicker sein sollten (wie Katzenzungen). Die Plätzchen im vorgeheizten Ofen (Mitte) etwa 12 bis 15 Minuten backen. Zum Abkühlen auf ein Kuchengitter setzen.
Die Kuvertüre klein hacken und über einem heißen Wasserbad schmelzen. Die Enden der Katzenzungen in die Kuvertüre tauchen. Die Glasur fest werden lassen.

DEIDESHEIMER APFEL-

INGWER-KUCHEN

900 g Äpfel
120 ml Rum
200 g kandierter Ingwer
(siehe Rezept Seite 147)
250 g sehr weiche Butter
250 g Zucker
5 Eier
300 g Mehl
1/2 TL Backpulver
1/2 TL Zimt
60 g Kakaopulver
150 g gehackte Mandeln
100 g Aprikosenmarmelade

Dieses leckere Rezept stammt aus meiner pfälzischen Heimat – aus dem idyllischen Ort Deidesheim an der Deutschen Weinstraße. Hier hat übrigens auch die bekannte Confiserie Biffar seit 1890 ihren Sitz, die noch heute die Tradition kandierter Früchte und speziell des Ingwers auf hohem Niveau pflegt und ihre Produkte in die ganze Welt verschickt. Ein riesiges, verführerisches Sortiment für Ingwer-Liebhaber.

Die Äpfel schälen, die Kerngehäuse entfernen und das Fruchtfleisch in gleich große kleine Würfel schneiden. Die Apfelwürfel mit der Hälfte des Rums mischen und 5 Minuten ziehen lassen. Den Ingwer sehr fein hacken und mit den Apfelwürfeln mischen. Beiseite stellen. Die Butter mit dem Zucker schaumig rühren. Nach und nach die Eier zugeben und das Ganze etwa 2 Minuten aufschlagen. Das Mehl mit dem Backpulver in eine separate Schüssel sieben und den Zimt, das Kakaopulver sowie die Mandeln zugeben und das Ganze mit den Fingern locker vermengen.
Den restlichen Rum in die Butter-Zucker-Eier-Mischung geben und kurz umrühren, die Mehlmischung langsam unterrühren. Die Apfel-Rum-Ingwer-Mischung vorsichtig unterheben. Eine runde Backform mit 26 cm Durchmesser und 6 cm Höhe mit Backpapier auslegen. Den Teig einfüllen und glatt streichen.
Den Kuchen bei 180 °C etwas länger als 1 Stunde backen (mit einem Holzstäbchen die Garprobe machen). Herausnehmen und abkühlen lassen.
Die Aprikosenmarmelade kurz aufkochen und damit den abgekühlten Kuchen überziehen.

TIPP: Nachdem die Marmelade fest geworden ist, kann der Kuchen noch dünn mit einer Fondant-Zuckerglasur bepinselt werden.

INGWER-APFELMUS

250 g Apfelmus
3 EL Mayonnaise
3 Stücke kandierter Ingwer (siehe Rezept Seite 147)
1 Prise Ingwerpulver

Das Apfelmus mit der Mayonnaise gut verrühren. Den kandierten Ingwer sehr fein hacken und unter die Musmischung rühren. Das Ganze noch einmal gut verrühren. Mit Ingwerpulver abschmecken. Kalt servieren.

TIPP: Passt auch sehr gut als Beilage zu allen Wildarten.

SAUERKIRSCH-KONFITÜRE

MIT INGWER

500 g frische Sauerkirschen
500 g Gelierzucker
1 unbehandelte Zitrone
3 TL geriebener frischer Ingwer

Schneller und einfacher lässt sich wohl kaum so ein süß-scharfer Aufstrich für die frischen Brötchen zum Sonntagsbrunch zaubern. Mal ganz etwas anderes und von Frühstück-Gourmets geliebt!

Sauerkirschen waschen und entsteinen. Etwa die Hälfte der Früchte zerkleinern. Die Kirschen mit dem Gelierzucker in einen Topf geben. Die Schale von der Zitrone abreiben und den Saft auspressen.

Ingwer, Schale und Saft der Zitronen unter die Kirschen-Zucker-Mischung rühren. Das Ganze zum Kochen bringen und 2 Minuten sprudelnd kochen lassen.

Die Konfitüre heiß in Marmeladengläser abfüllen und diese sofort fest verschließen.

ERDBEEREN IM WEISSEN INGWER-MANTEL

500 g Erdbeeren
2 Beutel weiße Kuchenglasur
1 TL geriebener frischer Ingwer

Die Erdbeeren waschen und auf einem Küchentuch trocknen lassen. Die Kuchenglasur gemäß Anleitung auf der Packung schmelzen.
Die flüssige Glasur in eine kleine Schale gießen und diese ins Wasserbad stellen. Den Ingwer unter die Glasur rühren. Die Erdbeeren bis zur Hälfte in die Glasur tauchen und auf Backpapier trocknen lassen.

TIPP: Man kann auch die Hälfte der Erdbeeren mit einer dunklen Kuchenglasur überziehen.

GETRÄNKE

KE

INGWER-TEE

2 TL frischer Ingwer, in feinen Scheiben
Honig
Zitronensaft

Den Ingwer in einem großen Becher oder einem Teekännchen mit 1/4 l kochendem Wasser überbrühen. 6 bis 8 Minuten ziehen lassen, bis das Wasser den Ingwergeschmack angenommen hat. Für einen intensiveren Geschmack länger ziehen lassen.
Die Ingwerscheiben aus dem Tee heben oder den Tee durch ein Sieb abgießen. Etwas Honig und Zitronensaft verfeinern das Aroma.

GINGER ALE

450 g frischer Ingwer
3 Zitronenzesten
400 g Zucker
3 l eisgekühltes
Mineralwasser
Eiswürfel

Den Ingwer schälen und in kleine Stücke schneiden. Ingwer, Zitronenzesten und 1 l Wasser in einem großen Topf bei starker Hitze zum Kochen bringen, dann bei verringerter Hitze 10 Minuten leicht köcheln lassen. Den Zucker einrühren und das Ganze weitere 15 Minuten köcheln lassen, bis der Sud auf 3/4 l (750 ml) reduziert und sirupartig ist. Den Sirup durch ein feines Sieb in ein verschließbares Gefäß abgießen, abkühlen lassen, dann das Gefäß verschließen und mindestens 1 Stunde, besser einige Tage, in den Kühlschrank stellen. Zum Servieren 50 ml Sirup in ein großes Glas geben und mit Mineralwasser und Eiswürfeln auffüllen.

Ingwer-Bier aus der Haus-Brauerei

250 g Ingwer
2 Limetten
2 EL Weinsäure
1 kg Zucker
20 g Trockenhefe

Für den Bieransatz den Ingwer schälen und klein raspeln. Die Limetten in Scheiben schneiden und mit dem Ingwer, der Weinsäure und dem Zucker in eine große Schüssel geben.
Die Hefe in eine kleine Schüssel geben. 5 l Wasser erwärmen. Eine Tasse davon abnehmen und über die Hefe gießen. Das restliche Wasser zum Sieden bringen, über den Bieransatz gießen und lauwarm abkühlen lassen. Die Hefe zu einer Paste schlagen und in den lauwarmen Bieransatz rühren. Das Ganze 2 Tage abgedeckt stehen lassen.
Das Bier durch ein feines Sieb filtern und in Flaschen füllen. Das Ingwerbier hält sich etwa 1 Woche im Kühlschrank.

INGWER-SCHNAPS

1 ganze Ingwerwurzel
(ca. 200 g)
1 l Korn

Den Ingwer schälen, klein schneiden und mit dem Korn in ein luftdicht verschließbares Gefäß geben. Mehrere Wochen ziehen lassen. Anschließend den Schnaps durch einen Filter in Flaschen füllen.

TIPP: Je nach persönlichem Geschmack kann man den Ingwerschnaps noch mit Kandiszucker versüßen. Ingwerschnaps eignet sich als Digestif und schmeckt ausgezeichnet.

SCHOTTISCHER KAFFEE MIT INGWER

4 TL Honig
1 EL Ingwerpulver
100 ml Whisky
1/2 l starker Kaffee

Den Honig in hohen Tassen mit dem Ingwer verrühren. Den Whisky leicht erwärmen. Kaffee in die Tassen gießen und den Whisky hinzufügen.

INGWER-ORANGEN-FLIP MIT SANDDORN

50 g frischer Ingwer
600 ml Orangensaft
400 ml Ananassaft
4 TL Sanddornmark
Honig
1 Stängel
Zitronenmelisse

Den Ingwer schälen, grob hacken und pürieren. Das Ingwerpüree kräftig durch ein Sieb streichen, um den Saft zu gewinnen.
Den Ingwersaft mit dem Orangen- und Ananassaft sowie dem Sanddornmark mischen. Mit Honig abschmecken. Mit ein paar Blättchen Zitronenmelisse garnieren.

MANGO-INGWER-KIWI-SMOOTHIE

2 reife Mangos
8 Kiwis
50 g frischer Ingwer
10 Orangen
4 Limetten
Eiswürfel

Mangos und Kiwis schälen und würfeln. Den Ingwer schälen, dann durch eine Knoblauchpresse drücken. Die Orangen halbieren und zwei Scheiben für die Garnierung beiseite legen. Die Orangen und Limetten auspressen. Alles zusammen mit ein paar Eiswürfeln in einen Mixer geben und zu einem cremigen Drink verrühren.
Den Drink in hohe Gläser füllen. Mit Orangenscheiben garnieren und sofort servieren.

PERSISCHER LIEBES-TRANK

50 g frischer Ingwer
8 Gewürznelken
1 Zimtstange
10 TL schwarzer Tee
(Teeblätter von einer kräftigen Teesorte)

Bei den alten Persern war Ingwer schon längst bekannt, bevor er überhaupt seinen Triumphzug in Richtung Europa antrat. Vielleicht kannte man damals schon die aphrodisische Wirkung der Wurzel. Probieren Sie es doch einfach mal in einem Selbstversuch aus, wobei die verwendete Ingwermenge sicherlich eine Rolle spielt.

2 l Wasser zum Kochen bringen. Den Ingwer schälen, zerkleinern und mit den Gewürznelken, dem Zimt und Tee in einen Teefilter geben. Überbrühen und 5 Minuten ziehen lassen.

TIPP: Gesüßt werden kann ganz nach Geschmack mit Zucker, Kandis oder Rohrzucker.

ROTE-BETE-SELLERIE-DRINK

300 g Knollensellerie
2 Knollen Rote Bete
Saft von 2 Zitronen
etwas abgeriebene Schale
von 1 unbehandelten Zitrone
3 TL geriebener frischer
Ingwer
2–3 Blätter Zitronenmelisse
200 ml Apfelsaft

MIT FRISCHEM INGWER

Wenn mich mal wieder ein »Fitness-Jogging-Gesundheitsanfall« packt und ich jede Kalorie zähle, dann gehört dieser Powertrunk auf jeden Fall mit zur Wellnesskur. Der Drink ist besonders fettarm und doch voller Kraft, wobei die belebende Wirkung des Ingwers sich voll entfalten kann.

Sellerie und Rote Bete schälen, klein würfeln und im Entsafter entsaften. Zitronensaft, Zitronenschale und den Ingwer untermischen. Die Zitronenmelisse in feine Streifen schneiden und unterrühren. Den Drink mit Apfelsaft auffüllen und sofort genießen.

INGWER-COSMOPOLITAN-COCKTAIL

4 Teile Ingwer-Wodka
(siehe Rezept unten)
2 Teile Cointreau oder
Triple Sec
1 Teil Zitronensaft
2 Teile Preiselbeersaft
1 Zitronenscheibe

Um dieses Rezept dem Barmann einer trendy Szenekneipe im Londoner Stadtteil South Kensington abzuluchsen, benötigte ich mehrere Stunden und einige Ginger Cosmopolitan Cocktails. Der Aufwand hat sich gelohnt!

Alle Zutaten – außer der Zitronenscheibe – in einen Cocktailmixbecher geben und shaken. Den Drink in ein eisgekühltes Cocktailglas mit Eiswürfeln füllen. Die eingeschnittene Zitronenscheibe an den Rand des Glases stecken.

INGWER-WODKA: Um den Ingwer-Wodka anzusetzen, eine ganze Ingwerwurzel schälen und in Scheiben schneiden. Die Ingwerscheiben in eine Glasflasche (mit breitem Hals und luftdicht verschließbar) geben und mit Wodka übergießen. Die Flasche mehrmals am Tag leicht schütteln und in einem Schrank oder dunklen Raum aufbewahren.
Um das gewünschte Aroma zu erreichen, kann man die Flasche 1 Tag, 1 Monat oder sogar länger aufbewahren. Sollte das Aroma zu stark geworden sein, kann man etwas Wodka nachfüllen.
Sobald das gewünschte Aroma erreicht ist, Ingwer-Wodka (zum Beispiel durch einen Kaffeefilter) in ein sauberes, luftdicht verschließbares Gefäß filtern und im Kühlschrank aufbewahren.

ERFRISCHENDER KIWI-INGWER-COCKTAIL

3 Kiwis
1/2 TL Ingwerpulver
1 TL Rohrzucker
Eiswürfel
50 ml kaltes Mineralwasser

Die Kiwis schälen und klein schneiden. Die Fruchtstücke, das Ingwerpulver, den Rohrzucker mit ein paar Eiswürfeln und dem Mineralwasser in einen Cocktailmixbecher geben und shaken. Sofort servieren.
Die Menge ist für 1 Person gedacht.

AZTEKEN-SCHOKOLADE

2 TL durchgepresster frischer Ingwer
oder 1 TL Ingwerpulver
1 l Milch
4 Rippen Zartbitter-Schokolade
1 Päckchen Vanillezucker
1 Prise Zimt
1 Prise Chilipulver

Den frischen Ingwer oder das Ingwerpulver mit der Milch und der Schokolade in einem Topf aufkochen lassen. Dabei gut umrühren, damit sich die Schokolade vollkommen auflöst. Mit Vanillezucker, Zimt und Chilipulver abschmecken. Sehr heiß servieren.

TIPP: Wer es gerne cremiger mag, kann einen Schuss Sahne unterrühren.

WARME MILCH MIT INGWER

1 Tasse Milch
2 EL Honig
2 EL klein geraspelter frischer Ingwer
1 Messerspitze Vanillemark
2 Tassen Sahne
kandierter Ingwer (siehe Rezept Seite 147)

Die Milch erwärmen und den Honig, den frischen Ingwer sowie das Vanillemark einrühren. Die Sahne schlagen und unter die Milch heben.
Zum Servieren die Ingwermilch mit kandiertem Ingwer garnieren.

INGWER-FLIP

120 ml Grapefruitsaft
120 ml Orangensaft
1 Eigelb, Eiswürfel
1/2 TL geriebener frischer Ingwer
Honig oder Süßstoff
1 Orangenscheibe
2–3 Blättchen Minze

Grapefruit- und Orangensaft mit dem Eigelb und einigen Eiswürfeln im Mixer auf höchster Stufe so lange mixen, bis das Eis fein zerkleinert ist.
Den Ingwer zu der Saftmischung geben. Mit Honig oder Süßstoff abschmecken.
Den Ingwer-Flip in ein hohes Glas füllen und mit der Orangenscheibe und den Minzeblättchen garnieren. Der Drink ist für 1 Person gedacht.

Ingwer-Punsch

1 unbehandelte Orange
3 TL frischer Ingwer, in dünnen Scheiben
400 ml Weißwein
2 Stücke Sternanis
2 EL Orangenlikör
1 EL brauner Kandiszucker
Kandiszucker zum Süßen

Die Menge dieses Punsches reicht für 2 Personen. Das aromatische Getränk ist ideal, um sich an kalten Tagen »von innen« ein bisschen aufzuwärmen.

Die Orange heiß abspülen und abtrocknen. Die Schale dünn abschälen und die Frucht auspressen. Ingwerscheiben, Orangenschale, Wein und Sternanis in einem Topf zum Kochen bringen. Den Orangensaft und den Orangenlikör unterrühren. Vom Herd nehmen.
Zum Servieren den Punsch sehr heiß durch ein Sieb in Punsch- oder Teegläser gießen. Nach Geschmack mit braunem oder weißem Kandiszucker süßen.

LIMETTEN-LIKÖR MIT INGWER

8 Limetten
200 g frischer Ingwer
1/2 l Wodka
300 g weißer Kandiszucker
100 g Honig

Ein heißer Sommerabend auf dem Balkon meiner Freundin Christa folgt stets denselben Gesetzen: ein leckeres Essen, die Abendsonne über dem Zürichsee genießen, gute Gespräche und zum Abschluss ihr eiskalter Limetten-Likör mit Ingwer. Ein unschlagbarer Digestif. Eisgekühlt schmeckt der Drink am besten!

Die Limetten heiß waschen und die Schale ganz dünn abschälen. Die Hälfte des Ingwers schälen und grob zerkleinern; die andere Hälfte für die spätere Verwendung eingepackt ins Gemüsefach des Kühlschrankes legen; ebenso 4 der abgeschälten Limetten (die restlichen 4 Früchte können für andere Zwecke verwendet werden).
Limettenschalen und Ingwer mit dem Wodka in eine große Schüssel geben und das Ganze zugedeckt 2 Tage ziehen lassen.
1 1/2 l Wasser mit dem Kandiszucker etwa 15 Minuten kochen, bis ein Zuckersirup entstanden ist. Den restlichen Ingwer schälen und in große Stücke schneiden. Die 4 Limetten auspressen und den Saft mit dem Honig und den Ingwerstücken in den Zuckersirup geben und 30 Sekunden mitkochen. Die Mischung auskühlen lassen.
Die Wodka-Limetten und die Zuckersirup-Mischung durch ein sehr feines Sieb gießen. Dann beides gründlich mischen und in Flaschen abfüllen. Die Flaschen luftdicht verschließen und an einem kühlen Ort aufbewahren. Der Likör ist etwa 6 Monate haltbar.

INGWER-GROG À LA

150 g Sauerkirschen aus dem Glas
50 ml Rum
2 TL frischer Ingwer, in feinen Stiften
1 Beutel Früchtetee
1 Zimtstange
1 TL zerstoßener Sternanis
1 TL Gewürznelken
weißer Kandiszucker

Die Sauerkirschen abgießen; den Saft auffangen und anderweitig verwenden. Die Früchte abtropfen lassen, dann mit der Hälfte des Rums übergießen und einige Stunden ziehen lassen.
Ingwerstifte, Früchteteebeutel, Zimtstange, Sternanis und Gewürznelken in eine Schüssel geben und mit 700 ml heißem Wasser übergießen. 10 Minuten ziehen lassen.
Die Kirschen mit dem restlichen Rum in einem Topf erwärmen, aber nicht kochen lassen.
Den Früchtetee-Aufguss abseihen und mit den warmen Rumkirschen mischen.
Zum Servieren den Ingwer-Grog in Teegläser füllen und mit weißem Kandiszucker süßen.

1001 NACHT

MEIN HERZ SCHLÄGT

IM INGWERTAKT

»Leider kann sie ihr Temperament des Öfteren nicht zügeln!« So lautete in meinem ersten Schulzeugnis der Kommentar der Lehrerin. Damals war ich gerade mal sechs Jahre alt, doch dieser Ausspruch trifft tatsächlich bis heute auf mich zu. Temperamentvoll, energiegeladen, feurig, aufbrausend, hitzköpfig – Attribute, die sich in meinem Charakter leicht wiederfinden und sich mit den Eigenschaften der Powerwurzel Ingwer eins zu eins decken. Diese Eigenschaften schreibt man in England auch den Rothaarigen zu, weswegen man diese als »Gingerheads« (also Ingwerköpfe) bezeichnet. Ob ich mich deshalb so gut mit rothaarigen Personen verstehe? Bei näherem Hinschauen sind es aber letztendlich genau diese Eigenschaften, die einen auf dem Weg durchs Leben antreiben, Kraft geben und Visionen wahr werden lassen. Wäre ich eine Pflanze, wäre ich bestimmt ein echtes Ingwergewächs!

REGISTER

Wenn nicht anders angegeben, sind die Rezepte für vier Personen berechnet.

Der Verlag und der Fotograf möchten sich bei den folgenden Firmen
für das Leihen von Requisiten herzlich bedanken:
Kustermann, München
Küchenmagazin, München
Ali Baba, München

Bildnachweis:
Alle Fotos von Bodo A. Schieren, mit Ausnahme von:
Karin Heer, Zürich: 8, 10, 11, 15
Jérôme Gessaga, Zürich: Umschlag vorne (zweites Bild von oben),
18, 26, 200, 201

www.collection-rolf-heyne.de

Umschlaggestaltung: Hauptmann und Kompanie Werbeagentur,
München – Zürich
Buchgestaltung: Elisabeth Petersen, München,
nach einem Entwurf von Bodo A. Schieren
Redaktion: Renate Weinberger, München
Fotografie und Styling: Bodo A. Schieren, München
Requisite: Inge Pober, München
Foodstyling: Christiane Wenzel, Berlin
Litho: Oldenbourg digital, München
Druck und Bindung: Printer Trento, Trient

Printed in Italy

ISBN 3-89910-300-9